93歳まで錆びない生き方

Tatsuro Hirooka

広岡達朗

GENTOSHA
幻冬舎

まえがき

〝鬼〟と呼ばれた私も93歳になりました。

鬼と呼んだのは、私が教えた選手たちです。むろん、私は鬼ではない。

選手が力を出しきれるよう、指導したに過ぎません。一年でも長くプロの世界で活躍できたらいい。そう願って、心と体、技術の基本を徹底しただけのことです。

マスコミは「広岡の管理野球」などと面白おかしく言いましたが、私は、いい大人を管理する氣などありませんでした。プロとして高い能力を発揮できるよう、そして勝てるチームになるよう〝教育〟しただけです。選手には、物事の道理や基本は教えましたが、育ったのは彼ら自身です。私が育てたわけではありません。自分で伸びていったのです。

人間は自然の一部です。しかし、多くの人はその事実を忘れてしまい、驕《おご》り高ぶるところがあります。すると、しっぺ返しがくる。これは〝自然の流れ〟です。


天地自然の法則に則《のっと》って生きる――。

私はこれまでの人生を〝天地自然の法則〟に則って生きてきました。

野球に対しても、同じスタンスです。

人生の過ごし方は十人十色ですが、生命には等しく終わりが訪れます。これも天地自然の法則です。私の生命の炎も、早晩、燃え尽きるでしょう。

しかし、人間は、ただ死んでいくわけではありません。

落ちた葉が樹木の栄養となるように、死んだ人間は、次代への肥やしになります。

幸いにも、人間には知恵があるので、培《つちか》った知恵を残すことができます。

どんな人間も、天から使命を与えられて生まれ、人生を生き抜きます。その過程で、学び、考え、自分なりの色をつけた知恵を、世の中に還《かえ》しながら生きています。

「ろくでなし」と言われる人も「天才」と言われる人も同じです。どんな人間も、生きていれば、良いか悪いかは別にして、なんらかの影響を世の中に与えているわけです。

私には、まだまだ伝えたいことがあります。

足は弱りましたが、頭はよく働くし、口も達者です。まだまだ錆《さ》びついてはいられません。「伝えられるうちに伝えよう」と思い、この本を書くことにしました。同じ時代を生きてきた人たちには「おたがいに、最後までやれることをやろう」という励ましの思いも込めました。

せっかくこの世に生まれたのだから、愚痴や文句で人生を濁《にご》さず、氣を出して、前向きに、積極的に生きたらいいのです。

積極的に生きていると、たいていの禍《わざわい》は避けていきます。ときには運が悪く、禍に襲われることもあります。それでも、氣を出して生きていると、パパッと振りほどくことができます。人生とはそういうものです。

なぜ、そう言い切れるのか？　それは、私がそうやって生きてきたからです。

私は特別な人間ではありません。ですが、天地自然の法則に則り、氣を出して生きてきました。どんなふうに考えて、どう生きたのか。生き証人として、伝えられることはすべてこの本に残そうと思っています。

私が話すのは、表面的な〝生き方のテクニック〟ではありません。もっと根源的な、人間として大事にすべき〝根っこ〟の部分です。

巨人軍の選手だった頃の話や、監督時代の話なども出てくると思います。マスコミの誤った報道については〝事実〟を正しく伝えておかなければなりません。

私が〝師〟と仰ぐ、中村天風《てんぷう》、藤平《とうへい》光一の両先生の教えなども、私の学んだ範囲でお伝えしたいと思います。天風先生は〝人間学の第一人者〟であり、藤平先生は〝心身統一合氣道の創始者〟です。ふたりの教えを、私は野球に取り入れ、実践してきました。野球だけでなく、生き方の土台にもなっています。実践してきた結果、「この教えは、どんな人にも、どの世界でも通じる〝真理〟なのだ」と確信しています。

大仕事ですが、どんな本になるのか、私自身が楽しみです。「10年、20年先、100年先に読む方も得心できるものにしよう」と心に決めました。大事に読んでいただけるよう、心を込めて書いていきます。

2025年　4月吉日

広岡達朗

93歳まで錆びない生き方　目次

1章　93歳、積極的に生きる

2章　野球が教えてくれた、大切なこと

3章 人間を育てる、広岡の流儀

4章　すべては心が決めている

5章　天風直伝・天地自然の健康法

6章 人生が好転するただひとつの方法

装幀　石川直美（カメガイ デザイン オフィス）
カバー・帯写真　藤谷勝志
編集協力　山城稔
企画・編集　藤平佐知子・木田明理（Ｃｏｒａｌ）
ＤＴＰ　美創

1章

93歳、積極的に生きる

体は衰える。だが、学びの収穫は大きくなる

どんなに元氣な人も、年をとれば老いるし、やがて死に至ります。これは天地自然の法則であり、逆らいようがありません。

93歳にもなると、我が身のこととして、それがわかります。

体は下から順番に衰えてきます。あれだけ頑強だった脚も今ではだいぶ細くなり、思い通りに動きません。椅子に座っていてひょいと立つとグラつくこともあります。

今まで「痛い」と感じていたものが、痛みを通り越して「感じない」ようにもなりました。だから危ない。娘は「ひっくり返ったらたいへん」と部屋にカメラを取り付けました。監視されているようで落ち着かないが、心配してくれているのです。

しかし、上半身は、まだまだいけます。腕を曲げると、力こぶはバーンと盛り上がる。握力も、生半可な若者よりあります。

首より上にある頭は、もっと元氣です。勉強を続けているので、脳は冴えています。学び続けている限り、頭は衰えないと信じています。

年をとれば、いろいろと不自由なことも出てきます。けれども、年をとったおかげで、わかることもあります。頭や心は自由自在。過去にも未来にも、どこにでも一瞬で飛んでいけます。人の心に寄り添うこともできます。

例えば、我が師・中村天風の本は今も枕元に置いて読んでいますが「ああ、そういうことだったのか」と深く理解できたりするわけです。想像以上に収穫が多いこともわかりました。

だから今、改めて「人生はいつだって学びの場だ。しっかりと精進せよ」と、天の教えを受けているような氣持ちでいるのです。

人をけなさない。
HOW TO DOを必ず添える

なぜ、この年になっても学ぶのか？

天から授かった使命だからです。

自分の学んだことを、野球界だけでなく、世の中にも伝えていく——。使命を果たすためには、ふんぞり返ってなどいられません。真剣に謙虚に学び続け、まっすぐな氣持ちで伝えなければ、誰も耳を傾けてくれないでしょう。

プロ野球の監督時代には、私は選手と一緒にグラウンドを走りました。「こうやって捕るんだ」と守備の手本を見せてもいました。それができなくなったら、監督を辞めるべきとも思っていました。ふんぞり返ってエラそうなことを言っても、実が伴わなければ、相手の心には響きません。

世間の人は私を「口やかましい人間」と思っているかもしれません。いいものは

「いい」と言うし、悪いものは「悪い」と言う。正直に言っているだけですが、耳の痛いことを言われれば、誰だって「うるさい」と思うでしょう。その氣持ちもわかります。

ただ、私は「人をけなす」ということは絶対にしません。それは私の信念です。耳の痛いことは言いますが「こうしたらもっとよくなるよ」というHOW TO DOも必ずくっつけるようにしています。

「ちょっとでもよくなってほしい」と思うから、私は言うのです。

いい点はどんどん伸ばし、悪い点は改めていく。その積み重ねで、社会は発展していきます。プロ野球も例外ではありません。悪いことを改めようとせず、いいことにあぐらをかいていたら、退化していくのは当然です。

これは天地自然の法則です。

生物は厳しい環境に合わせて生き残っていきます。適応できない種は次第に数を減らし、絶滅していきます。人間も同じです。

ただし、人間には、学び、考え、伝えるという知恵があります。その知恵を存分に使ったから進化できたのです。私が口やかましく言うのも、その一環なのです。

自主性の尊重は、好き勝手を許すことではない

昨今は「自主性を尊重する」という風潮があります。プロ野球にも「選手の自主性を大事にする」と言う指導者が増えてきました。これ自体は悪いことではありません。

しかし、自主性を尊重するのは当たり前であり、わざわざ言うことではありません。

私が心配してるのは「自主性を尊重する」のではなく、「選手の好き勝手を許す」という指導者が多いように見えることです。

一見すると、優しくていい指導者に思えますが、じつは残酷です。

なぜなら「君の好きにやっていいよ。その代わり、結果が出ないのは君の責任だか

らね。後は知らない」と、責任を選手に負わせているように思えるからです。

指導者は人を伸ばすのが役割です。悪いことは「悪い」と注意し、本人が伸びるように見守る。これが「自主性を尊重する」ということです。悪いものを「悪い」と注意せずに曲がったまま育て、バッサリ斬るのは、自主性を尊重したことにはなりません。

このような風潮は、プロ野球だけでなく、多くの世界に蔓延《まんえん》しているようです。スポーツ界だけでなく、会社や家庭でも、間違った「自主性の尊重」が行われています。上の者が、言うべきことを言わない。「言わなくちゃいけない」とわかっているのに、嫌われたくないので、口をつぐむのです。「自主性を尊重しているのだ」と、体《てい》のいいことを言って、逃げているわけです。

その結果は、どうなるか？　退化が待ち受けているだけです。

私はプロ野球の世界で、嫌というほどそれを見てきました。

無責任な指導者の下で、才能を発揮することなく、自由契約になる選手が山ほどいます。プロとして必要な「心・技・体」を鍛えてあげなかったばかりに、故障やケガをして泣く泣く去った選手も無数にいました。優秀な選手をたくさん抱えておきながら、勝てないチームもありました。

本当にそれでよいのでしょうか？　よいわけがないのです。

やはり言うべきことは言い、やらせるべきことはやらせる。それが「指導者」や「上司」と呼ばれる者の務めです。

天才だからいい、才能がないからダメ、ではない

プロ野球選手は、小・中・高校と野球で活躍し、一目置かれてきたエリートです。そのため、ほとんどの選手は「ああしろ、こうしろ」と言われるのを嫌います。

そんな選手たちを動かすにはどうするか？

口先だけで言っても、動かないのは当然です。彼らだって、生活が懸《か》かっているわけですから。中途半端な助言を聞いて、クビになるなんてたまらないでしょう。だからこそ指導者は、選手の将来までも含めて必死に考え、真剣に向き合うべきなのです。選手のご機嫌をとるのではなく、選手を成長させるのが指導者の務めなのです。

それができない人は、指導者になってはいけません。

「この選手はこうすれば必ず伸びる」「このチームはこうすれば勝てる」という根拠と信念を持たない人は、指導者になるべきではないと思うのです。そして「なんとしてでも伸ばしてやる」という氣概のない人も、やはり指導者になってはいけないと思います。

指導者の真剣さが伝わったとき、ようやく選手は耳を傾けてくれるようになります。これは私が実体験から学んだことです。

私は「日本一弱い」と言われたヤクルトを監督3年目で優勝させました。また、万年Bクラスだった西武を「常勝軍団」と言われるまでにしましたが、初めからうまくいったわけではありません。監督になって半年ほどは、選手は私を敵視していましたから。

それでもやり続ける。嫌な顔をされても、無視されても、陰で文句を言われても「俺の言うことを信じろ。そうすれば必ず勝てる」と、根拠と信念を持ってやり続けた先に結果はついてくるのです。

面白いもので、少しずつ勝てるようになると「監督のことは嫌いだが、言っていること、やっていることは正しい」なんて声が聞こえてくるようになる。そんなふうになったら、選手もチームもどんどん変わってきます。「俺たちはできる。勝てる」と思い始めますからね、それまで避けていたつらいことも、自分からやるようになるのです。

私はコーチ、監督、GMの立場を経験しましたが、一度として「あいつは天才だからいい。あいつは才能がないからダメ」という分け方をしたことはありません。

「正しいことを教え続ければ、必ず選手は育つ」と信じて、指導をしてきました。それは間違っていなかったと、自信を持って言えます。

女房の死。自然治癒力を無視すれば体は弱る

女房が2024年の夏前に91歳で亡くなりました。私は野球バカで、家のことは女房に任せきりでした。

夫婦はおたがいに補い合うからこそ、一緒にいる価値がある。苦労を共にするのが当たり前だと、私は思ってきました。

亡くなる前、女房はやたらと咳《せき》をするようになりました。「大丈夫か」と声をかけると「ごめんなさい」と謝ります。謝る必要なんて、まったくないのに。

「咳は、体内に入った異物を出そうとして出るんだよ。だから遠慮しないで、自然治

癒力を信じてどんどんやったらいいよ」と私は言うのだけれど、やはり女房は私を氣づかってくれるわけです。

人間には自然治癒力があり、咳もそのひとつです。私は自分の治癒力を信じていますので、医者にはめったにかかりません。ですが、あまりに咳が出るので、訪問看護のお医者さんと看護師さん、息子や娘も心配しはじめました。

医師は「病院に行き、薬をもらってくればよくなりますよ」と言います。

薬は、痛みや苦しさを和らげてはくれますが、必ず副作用があります。正常なところまで弱まってしまい、そこに副作用が出てきたら、91歳の女房にはお手上げです。だから私は反対したのですが、押し切られるようにして、病院に行くことになりました。

結局、2回病院に行き、女房は亡くなりました。

薬の副作用なのかはわかりません。女房の寿命だったのかもしれません。

これは誰にもわからないことです。ですが、ひとつだけ言えるのは、医師の多くが、人間の自然治癒力を信じていないことです。

本来は、人間を診るのが医者の仕事なのに、人間の治癒力は信じずに、薬の力ばかりを信じています。ここには大きな問題があると、私は思っています。

もちろん、患者のほうにも問題があります。自分に備わった自然治癒力を信じようとせず、具合が悪くなったら医者が治してくれるとか、薬が治してくれるなどと、他力本願の考え方をしていることです。どんな名医も、死ぬときは治せません。

本物の医者とは「病氣をしないためには、どう生きればいいか」と、正しい生き方を教えてくれる人です。そして、正しい生き方をしても病氣になったときは「治してあげるから、私のところに来なさい」と、自信を持って言える医者です。

そんなこともあって、健康に関する話や、生死に関する大事な話も、お伝えしなければならないと思っているのです。

人の死で金勘定をされると思うと、おちおち死ねない

人間はいつか死にます。この天地自然の法則には逆らえません。

93歳の私は、死がかなり近づいています。正直に言うと、死への恐怖はあります。でも、生きている間は死なないのだから、心配しても仕方がありません。そんな心配をするくらいなら、人が喜ぶことをして生きたい、と思っています。

生きている間は、自分のやるべきことをやる。そう思って、この本を書いています。

女房が亡くなったとき、悲しむ間もなく、葬儀会社の人がやってきました。

「この度《たび》はご愁傷さまです」と神妙な顔をしていますが、頭の中でソロバンを弾《はじ》いているのはわかります。

「恥ずかしくない葬式をしたい」と言ったら「300万円」だと言われました。葬儀の相場はわかりませんが、少し高いと思ったので「ぜいたくな葬儀じゃなくていいん

ですよ」と伝えると、「じゃあ半分の150万円で」と言われました。

天国に送るのだから、あまり値切るような真似はしたくない。「まあ、とにかくよろしく頼みます」とお願いしました。

不思議なのは、女房が亡くなって、すぐに葬儀屋さんが来たことです。おそらく、病院と葬儀会社は提携しているのでしょう。そして、薬屋さんと病院も提携していまず。

そんなことを考えていたら「ヘタに死ねないな」と思いました。

死ぬこと自体は、天地自然の法則に則ったことなので、仕方がありません。しかし、商売仲間が連携して、自分の死で金勘定をしているのは、なんともケタくそ悪いと思ったのです。

ふと我が家のことも氣になりました。「私が死んだら、どうなるのか?」と。

私は東京の世田谷と町田に2軒の家を持っています。家屋は古いが敷地は広いので、売りに出せば、かなりの額になるでしょう。相続する子どもたちは、きっと億万長者です。

「ああ、子どもらも金勘定しとるかもしれないな」と思うと、なんだかおかしくなりました。

死ぬことを心配するのはアホくさい。死ぬまでは生きているのだから、一日でも長く生きて、やれることをやろう。それが人間の使命であり、天地自然の法則だ――。

そう思うと、元氣が出てきたのです。

寝小便など氣にするな。誰もが育つから大丈夫

初めて人に言いますが、私は小学校の6年生まで寝小便をしていました。

だけど、それを家族にも言えませんでした。なぜなら、私の父は海軍の将校で、とても優秀で、厳しい人でしたからね。父は「なんでも一番になれ」と言い、私は一所

懸命に勉強もしたし、スポーツもやりました。だから、私が寝小便をしていることなど、氣がつかなかったと思います。

濡れた下着は、はいたまま乾かし、学校に通っていました。ところが、友だちが肩車をしてくれたときに「小便臭え！」と嫌がられました（笑）。それでバレたのです。

寝小便は、中学生になったら自然に治りました。

人間は十人十色で、成長の早さもまちまちです。早くできる人もいれば、時間がかかる人もいます。体の大きさもそうです。私は小学生の頃は大きい方でしたが、中学生になって「チビ」と言われ、高校生からだんだん大きくなり、180センチを超えました。

親の中には、我が子を他の子と比べ「人より早く○○ができた」とか「人より○○が遅い」などと一喜一憂する人がいます。でもそれは、たかだか数か月、数年の違いでしかありません。もっと鷹揚《おうよう》に構えてあげたらいいと思います。

6年生まで寝小便をしていた私でも、プロ野球選手になり、監督になれたわけですから。誰もが育つのです。これは天地自然の法則です。

それなのに「あれができない」「これが遅い」など小さいことにこだわるから、どんどんできなくなるわけです。できないことを氣にして、心を消極的にして生きたら、せっかくの才能も埋もれてしまいます。これは本当にもったいないことだと思います。

人生は心が決める。不遇も幸せも自分次第

どんな人生を歩むかは、心が決めています。

仮に、「私は不遇だ」と思って生きたら、人生は不遇なものになるでしょう。不遇だと思っている人は、不遇な行動を選んでいるからです。それが積み重なれば、不遇な人生になっていくのは当たり前のことでしょう。ところがこの簡単な〝道理〟がわ

からない人が多いのです。

物事には原因があって、結果がある。不遇の種を蒔《ま》けば、不遇の実がなるのは当然です。りんごの種を蒔けば、りんごの木が育ち、りんごの花が咲いて、りんごがなるのと同じです。それなのに〝不遇の実〟がなると「どうして私は不遇なんだろう」などと嘆いて、右往左往する。自分が不遇の種を蒔き、不遇の木や不遇の実を育てていることに氣がつかないのです。

幸い私は、若い頃に中村天風、藤平光一というふたりの師に出会い、世の中の道理のようなものも教えてもらいました。だから、わかったのです。

しかしそれも、私が先生の教えを一所懸命に理解しようとしたからです。「うるせえなあ。なにを言ってやがるんだ」と聞く耳を持たなかったら、せっかくの教えも耳に入ってきません。だからやはり、すべては自分次第なんだと思います。

この本では師への人間的な敬意を表すため、あえて敬称は省略し「中村天風」「藤平光一」と表記させてもらいます。お許しください。おそらくふたりは「そんな小さなことはどうでもいい。「氣にするな」と笑ってくれると思います。

私は順風満帆な人生を歩んだわけではありません。プロ野球では華々しい経験もしましたが、悔しい思いも多かった。つらいことのほうが多かったかもしれません。それでもやはり、心の持ち方次第ですから。悪い状況も前向きに捉え、積極的な心で生きていると、不思議とよくなっていくものなのです。

人間は自然の一部ですから。「自分だけが」とか「自分さえよければ」というのは、天地自然の法則に反した生き方です。自然に反して生きると、ろくなことにはなりません。ところが、世の中の進化や向上のため、人さまの幸せのためにやるべきことをやる。そんな心がけで生きていると、天が味方してくれるのです。

人生が変わった！
この世になにをしに来たの？

このあたりで少し、私の師・中村天風の話をしておきましょう。

出会いはプロに入った1年目でした。私は幸いにも新人王に輝きましたが、内心では「本当にプロの世界でやっていけるのか」と自信を失っていたのです。プロの高いレベルでは、心の迷いや葛藤がプレーに大きく影響してくることに氣づきました。自分の中に〝揺るぎない柱〟のようなものが必要だと考えていたときに、知人から「おもしろい話をする人がいるよ」と聞いたのです。それが中村天風でした。

私はオフの日に、中村天風の講演会を聞きに行きました。そのときの講話は今でも覚えています。次のような話でした。

「あなたたちは、この世になにをしに来たの？

自分が、人間というものが、この世になにをしに来たかを知らずに生きてると、毎日の人生は、無意味になってしまうよ。

あなたたちは、この世に苦しみに来たの？　悩みに来たの？　違うでしょ。

人間はね、この世に苦しみに来たのではない。悩みに来たのでもない。

ぜいたくや栄華を極めるために来たのでもない。

人間は、宇宙原則にそって、この世の中を進化させ、向上させるという厳粛な使命を持って生まれてきたんだよ」

中村天風の話を聞いて、うわー、すごいこと言うな、と思いました。続けて、天風は、こんなふうに語ります。

「今の境遇や生活に絶望して『自分なんか生きていても仕方がない』とか『生まれてくる価値なんかなかった』なんて言う人がいるでしょ。

とんでもない。生まれてくる価値のない人間なんかいないからね。

人間は誰でも、この世の進化と向上を実現するために生まれてきたんですよ。

人類は『万物の霊長』って呼ばれるでしょ。最高の資格が与えられているのは、このためなんだよ。世の中の進化と向上を実現させるため。

この厳粛な使命を遂行するために、人間の資格を完全に発揮するために、我々には、偉大な力が与えられているんです。

どこにそんな力があるかって？　自分にはないって思ってるでしょ？　だけど、そんな人にも、偉大な力はあるんです。宇宙原則ですからね、すべての人に与えている。人間の生命の奥深いところにある潜在力こそが、その偉大な力です」

中村天風の教えは、なぜ生き続けるのか

壮大な話で、宇宙原則とか潜在力なんて言われても、初めて聞いた私にはピンと来ませんでした。しかしながら「この人の言ってることは正しい」と素直に思えたのです。

それ以来、時間を見つけては話を聞きに行きました。そして聞く度に理解が深まり、言葉が心と体に染み込んでくるように思いました。知識ではなく、私を内側から変えてくれたのです。

中村天風は、宗教家でもなく預言者でもありません。ただひたすらに、病に苦しむ

人や、貧困にあえぐ人、壁や挫折にくじけて希望を失っている人々に「人間とはなにか」「人生とはなにか」を説き続け、生きる勇氣と希望を与え続けていた人です。

中村天風の言葉で人生の変わった人は、何百万人、何千万人いるかはわかりません。さらに、その人たちの多くは、天風の教えを自分だけでなく、人にも伝えていますから。ここも天風理論のすごいところです。

私のように中村天風を師と慕う人の中には、松下幸之助（松下電器産業）、稲盛和夫（京セラ）、浅野総一郎（浅野セメント）、倉田主税《ちから》（日立製作所）、飯田清三（野村證券）、越後正一（伊藤忠商事）などの創業者や社長もいます。軍人では山本五十六、東郷平八郎、首相の原敬など、リーダーとして人を導いた人が多くいます。数え上げていったらキリがないほどです。

あれからもう70年が経ちますが、私は今でも枕元には中村天風の本を置き、いつでも読めるようにしています。本はボロボロです。しかし、この年になってもまだ「ああ、そういうことか」と改めて氣づくことがあるのです。

私は中村天風の教えを自分の血と肉にし、人生の土台にしたわけです。私の野球道にも、色濃く反映されていることは、言うまでもありません。たんなる言葉や知識としてではなく、各人が人生の土台にしているからこそ、次代にも生きていくわけです。

病院を頼り過ぎない。自然治癒力をもっと信じて

人間の中にある偉大な潜在力――。

例えば、そのひとつは自然治癒力です。私はめったに病院に行きません。なぜなら、自分の自然治癒力を信じているからです。

病院に行くと、病人にされてしまいますから。

医者は患者の顔も見ずにパソコンの画面ばかり見ている。これがとにかく面白くない。

ちょろっと診察して「様子を見ましょう」とか「お薬を出すので、また来てくださ い」などと言う。これも面白くありません。

医者は「心の持ち方が人を病氣にもするし、元氣にもする」という天地自然の法則を知らないのだと思います。医者というのは、人間を診るのが仕事のはずです。ところが、人間を見ずに、病氣だけを見ている。だから患者は不安になり、病氣が悪化するんです。

本当にいい医者というのは、患者を心から元氣にしていける人ですよ。

「ああ、こんなものはたいしたことない。2〜3日ゆっくり休めば治りますよ」とでも言えば、患者の不安は晴れ、自然治癒力が働いて元氣になっていきます。

万が一、深刻な病氣でも「私に任せておけば大丈夫」と言えば、心が救われて体に力が入るようになります。それでも治らない場合もあるでしょう。そんなときには「あなたが苦しまぬよう、私が責任を持って診ますから、安心してください」などと言ってくれたら、癒《いや》されるでしょ。自然治癒力が働いて、生きる氣力が湧《わ》き、最後の時間を心安らかに過ごせると思います。

中村天風は医師でもありましたから、私は聞いたことがあるのです。

「本当に具合の悪いときには、どうしたらいいんですか？」と。

すると、こんなふうに言いましたよ。

「具合が悪いときに『痛い』とか『つらい』と言ったら治るのか？　治らないだろ。痛いなら『痛い』と言っていいんだよ。痛いのに『痛くない』と言うのは、自分に嘘をつくことだからね。それは自然の理《ことわり》に反している。

大事なのは『痛い』と言った後だよ。『痛いから死ぬかも』とか『この痛みは悪い病氣に違いない』などと、みんな言うだろ？　そんなふうに思うから、体が本当に病氣になり始めてしまうのさ。体と心はひとつ（心身統一）だからね。自分で自分に暗示をかけて病氣を悪くすることはないだろ」と。

その通りだな、と思いましたね。心は積極的に使うべきなのです。

「痛いけど治してみせる」とか「痛いから早く治して○○するぞ」などと、自分を励ます言葉をかける。今も私が元氣なのは、心を積極的に使っているからだと思います。

病氣のときにも、「ありがとう」と感謝する

病氣のときにも積極的に心を使う——。私はいろいろ試してきましたが、一番よかったのは「ありがとう」と感謝をすることでしょう。

病氣というのは、勝手に向こうからやってくるのではありません。原因は自分にあるのです。心の持ち方や考え方、行動に、なんらかの間違いがあるから病氣になる。病氣はそれを教えてくれているわけです。

「あなたの考え方や生き方には間違いがあります。天地自然の法則に反していますよ」と。病氣にならなければ、そのまま間違った考えや行動を続けていたかもしれません。ところが、病氣になったことで、間違いに氣づき、改めることができる。だから「ありがとう」と感謝するのです。

私は二度の脳梗塞《こうそく》を体験しました。しかし、今でもこうやって元氣に生きています。脳梗塞が「おまえの生活は間違えてるよ」と教えてくれたおかげで、思考や生活を改めたから、今の私があるわけです。

中村天風は、こう教えてくれました。

「人間は一生、元氣で長生きできるように生まれてくる。だけど、たいていの人間は病氣になるだろ。だから生きられるのさ。病氣にならなかったら、自分の悪いところに氣づかずに、そのまま死んでしまう。

疲れやストレスも同じだ。疲れを感じなければ、死ぬまでずっとやり続けてしまう。ストレスも『これは危険だ』と知らせるサインであり、大きなストレスを感じるようなら『これ以上はやるな』と注意してくれているんだよ」と。

生きているから病氣になるのです。死んだら病氣になどなりゃしない。

そう考えたら、病氣も積極的に捉えることができます。

「ああ、天はまだ私を活かそうとしてくれているんだな。世の中を進化、向上させるためにやるべきことをやれ」と言ってくれているのだと。

天地自然の法則に則れば、病氣もまた、生きていくのに欠かせない要素なのかもしれません。とはいえ、病氣なんかないほうがいいに決まっています。

だからこそ、病氣になっても自分の力で癒せるよう、そして病氣をできるだけ近づけぬよう、心と体を整えておくことが大事なのだと思います。

2章 野球が教えてくれた、大切なこと

海軍の父の教え。ひとりが手を抜けば艦は沈む

この章では、私の生い立ちやプロ野球に入った経緯なども話してみたいと思います。広岡と聞くと「管理野球」「鬼」「銀縁メガネ」「辛口」「血も涙もない」などのイメージがあるかもしれません。

本当のところはどうなのか？　なぜそういう誤解が生じたのか？　私自身が話すのが一番だと思うので、自画自賛も含めて、お話ししていきます。

1932年（昭和7）2月9日、広島県呉市で、6人きょうだいの末っ子として、私は誕生しました。家は海軍官舎のエリアにあり、青い海と軍艦を見ながら育ちました。

父と母は兵庫県姫路市の出身です。父は実家の農業を継ぐのを嫌って海軍機関学校

に入り、そのまま海軍に入隊しました。かなりの勉強家で、運動もできたそうです。一兵卒から始め、機関長にまでなったのは、その証《あかし》でしょう。広岡家は、呉の街では「海軍エリート」として知られていました。

子ども心に覚えているのは、海軍の軍人さんが我が家に集まり、酒宴が開かれていたことです。日本の将来を語る姿が格好よくて、私も海軍将校になりたいと思いました。「江田島海軍兵学校に入り、海軍大将になる」というのが私の夢でした。

父は末っ子の私には、海軍の話をしませんでした。でもなぜか、次のような話が私の記憶に残っています。

「軍艦は、艦《ふね》が沈むと、全員が死んでしまう。運命共同体だ。乗組員のひとりが手を抜いたり、勝手なことをしたりすれば、全体に影響する。全員が同じ目的を共有し、力を合わせなければ勝てないのだ」と。

私はまだ子どもでしたが、父がそんな話をした理由を、なんとなく理解できました。

「組織をうまく機能させるには、仲間同士の信頼が必要なんだな。ひとりひとりがやるべきことをやって、和ができる。和によって目的は叶うんだな」と。

父の話は、私の心に強く響いたのでしょう。私の野球にも、この海軍の精神が貫かれていることは間違いありません。

父は努力家で、なんでもできる優秀な人でした。私が小学校で副級長になり、母が父に伝えると「なんで副なんだ？　一番じゃないのか」と文句を言ったそうです。そんな父の生真面目《きまじめ》なところを、私は受け継いだのかもしれません。

父は数学も得意でした。私が中学2年のとき、学校の数学を質問したところ、あっという間に解いて、教えてくれました。わーわーと声を出すことはせず、物静かな人でした。私は父の影響を色濃く受けていると思います。後々のことですが、大学野球をやったとき、早稲田では「声を出せ！」と言われましたが、私は決して声を出さず、静かにやっていました。父親は絶対だったので、それに倣《なら》ったのです。

ひとりで育つわけではない。積み重ねて今がある

長兄の晋は、私とは一回りも年が離れていました。晋も相当な勤勉家でした。山口大学（当時は山口高等商業学校）に入った秀才でしたが、先生から「お前は補欠で取った」と言われ、それが悔しくて猛勉強し、上位の成績で卒業したそうです。

陸軍に入り、英語の得意なことを買われ、陸軍中尉としてブーゲンビル島に赴任しました。「墓島」と呼ばれた激戦地です。この島では7万人の将兵のうち4万人が戦死しました。爆雷を抱えて特攻した者や、餓死した者、自決した者もあまたいたと聞きます。父は、「晋は英語ができるから、捕虜になっても通訳で生き延びるだろう」と望みを捨てずにいましたが、兄は突撃して死にました。25歳の若さです。

4歳上の次兄の富夫は母に似た優しい人でした。小学校時代にはずっと手をつないで登校してくれました。富夫が中学に上がるときに「もうできないぞ」と言われ、

「しっかりしないとな」と思ったのを覚えています。富夫は公務員になりましたが、その後に転身して、広島カープに入団しました。運動神経のよい人でしたが、まさかプロ野球選手になるとは思いませんでした。一軍の試合にも抜擢《ばってき》されましたが、華々しい活躍はしていません。私がプロ野球に入ったのは、富夫の影響もあるかもしれません。

次兄は頭がいいのに、才能を活かそうとしない人でした。私は「もったいないなあ」という思いで、この兄を見ていました。

母と姉は、本当に優しくて、いい人でした。

家族の話は、これくらいにしておきましょう。こうやって改めて振り返ってみると、やはり私の人格や生き方には、両親やきょうだいが大きく影響していると思います。当たり前です。急に大人になるわけではありませんから。

人間は、今日の出来事の上に明日を築いていきます。いいことも悪いことも、ひとつずつ積み上げて、今の自分につながっているのです。父の艦の話、晋の戦死、富夫がプロ野球に入ったこと、母や姉の優しさなど、記憶にあることもないことも、そこで考えたことや喜怒哀楽の感情までも含めて、すべてが重なって私があるわけです。

もちろん、私の存在や言動も、誰かの一部になっているのだと思います。

そう考えると、やはり、人間は、天地自然の一部なのだと思わずにいられません。自分ひとりで育った氣になってはいけません。

人間も天地自然の一部だとわかると、自分を大事にするようになってきます。そして自分だけでなく、人のことも大事にするようになります。私が選手を「できるまで教えなきゃならん」と厳しくするのは、そういうところから来てるのだと思います。

死なない限り生きている。生命は生きようとする

私は江田島海軍兵学校に行き、海軍将校になるつもりでいました。その登竜門が呉

一中（現・広島県立呉三津田高校）です。

呉一中は、各小学校の上位5番以内が受験する難関校でした。優秀な兄たちでさえ、呉一中には入れず二中でしたが、私は必死に勉強して合格しました。

手ぶらで歩くと叱られるため、生徒は必ず本を持ち歩きます。中学入学時にはもう、英語もそれなりに話せました。ところが、せっかく入学できたのに、戦争は激しさを増し、授業どころではありません。学校は軍事工場と化し、私たちも労働を強いられました。

呉の街は軍港もあるので空襲も受けました。焼夷弾が街を焼き、一中の校舎も火柱を上げました。家を焼かれた人々は、川沿いを、水しぶきを上げながら逃げていきます。死はすぐ隣にありました。

それから間もなくして敗戦を迎えました。1945年（昭和20）8月15日です。

それでも人間は、死なない限り生きていく――。

敗戦のショックはあるし、街は焼けているし、身近な人も大勢亡くなっている。悲しみに明け暮れていても、太陽は昇るし、腹も減る。心臓も動いている。

どんなことがあろうとも、生命は生きようとしているのです。

生命のある限り、生きるしかない。そしてせっかく生きているなら、前向きに生きるしかない。そんなふうに強く思いました。やはり私たちは、宇宙の一部なのです。

しばらく経つと中学校が再開し、やがてクラブ活動も始まりました。呉はテニスやバレーボールが盛んでした。「ジェントルマンのスポーツだ」と好まれたんです。父は「野球はテニスやバレーボールの下だ」と言っていたので、私はテニス部に入ろうと考えていました。しかし、亡くなった兄のグローブを持っていたため、やはり野球部に入ることにしました。

野球は初めてでしたが、ぐんぐん上達しました。体を鍛えていたことが土台になったのだと思います。小学生のときから海軍兵学校への入学に備えて、器械体操などをやっていましたから。鉄棒では蹴上がり、背面蹴上がり、片手懸垂《けんすい》、大車輪もできました。階段はいつも2段抜かしで駆け上がっていましたし。おかげで、バランスのいい筋肉が備わっていたと思います。

瘦《や》せていましたが、パワーとスピード、柔軟性を兼ね備えた筋肉だから、体を自在にコントロールできるし、技術も習得しやすかったのです。うまくなると、どんどん面白くなる。私は野球に打ち込みました。

心の隙を生まない方法。ただひとつ、鍛えるしかない

高校に入ると背も伸び始めた。戦時中は満足な食事ができなかったのに、それでも背は伸びるんだと、不思議でした。やはり天地自然の法則の中で生きているのです。

高校の野球部は弱小チームで、メンバーも足りませんでしたが、頼み込んで、なんとか頭数を揃《そろ》えました。私はサードを守りました。

弱小ではありましたが、高校3年のときには広島県大会でベスト4に残り、西中国

大会に進出しました。ここでも勝ち進み、決勝の相手は山口県の柳井高校でした。ところが、「この試合に勝てば甲子園出場」という高揚感の中で、自分らしくないミスが出てしまったのです。

私の悪送球が原因でチームのリズムは狂い、甲子園への切符を逃しました。「ひとりが手を抜くと艦が沈む」という父の言葉が蘇《よみがえ》りました。私は手を抜いたわけでも、勝手なことをしたわけでもありません。ですが、たったひとつのミスがチーム全体の負けにつながる怖さとつらさを、身をもって体験したのです。

仲間は泣いていましたが、私は泣けなかった。大事な場面でミスが出るのは、鍛錬が足りないのです。「泣いて悔しがるほどのレベルではない。自分の不甲斐なさを涙でごまかしてはいけない」と思ったのです。

このエラーと敗戦は、私の人生の大きな岐路になりました。

勝ち負けは一瞬の心の隙から生じる。心の隙を生まない方法は、ただひとつ。鍛えるしかない――。

これはやはり真理なのだと思います。世間では「願えば叶う」などと言う人がいますが、願うだけでは叶いません。願ってばかりで努力しない人が、活躍できるはずがないでしょう。人より努力した者が、人より優れた成果を残すのです。

努力もせずに成功するのはまぐれです。二度目はありません。それどころか、その上にあぐらをかいていたら、どんどんダメになっていくしかありません。

いずれにしても、負けたのは私の責任。努力がまだまだ足りなかったと知れたのは、大きな財産になったと思います。後からわかることですが、宇宙はそうやって、いろいろな学びのチャンスをくれるのです。

これも天地自然の法則なのですが、真理に氣がついて努力するか、氣がつかないで不貞腐《ふてくさ》れるかで、その後の人生はまったく違ってくるのだと思います。

運のいい人と悪い人。違いは運ばれた場所でどう取り組んだか

私のミスでチームは負けたが、思いがけぬチャンスも得ました。相手チームのOBに元プロ野球選手がいて、「いい選手がいる」と早稲田大学に連絡してくださったのです。私は、早稲田大学野球部の選考試験を受けることになりました。

選考の実技試験では、さっそく守備力を見るためのノックが始まりました。サードの守備位置についた私は、自分の武器である強肩をアピールしようと思いました。ファーストで捕球役を務めるのは、早稲田の現役野球部員です。「これはチャンスだ。俺の鋭い送球を一塁手が弾いたら、強肩を評価してもらえる」と思いました。

そして狙い通り、私の伸びのある送球を一塁手は弾いたのですが、監督からは意外な言葉が飛んできました。

「広岡、ショートに行け」

「えっ⁉」

早稲田の監督は大学野球の重鎮・森茂雄先生です。そんな大御所に対し「私はサードが本職です」と譲らない姿勢を見せたものの「ショートに行け！」と怒鳴《どな》られます。後にわかったことですが、サードはすでに決まった選手がいたため、いわゆる〝大人の事情〟でショートに回されたわけです。

ですが、こうして私は「ショート広岡」となり、この後ずっと、プロ野球でもショートを守り抜くことになったのです。ちなみに、私が巨人軍に入団した4年後、立教大学のスター長嶋茂雄が入ってきて、サードのポジションにつきます。もしあのまま私がサードだったら、どうなっていたか。それはわかりませんが、結果的に私と長嶋は〝鉄壁の三遊間〟を築くことになったのです。

与えられた役割で、自分を磨き続ける——。

世間の人はよく「運がいい」とか「運が悪い」とか言います。でも、運とは、運ばれてくるものではありません。運ばれた場所で、いかに努力をするかだと思います。

やるべきことをひとつひとつ、心を込めてやるから運がよくなるのです。反対に、やるべきことをやらないと、運が悪くなります。

もちろん、嫌な環境に運ばれてしまうこともあります。しかし、そこで不貞腐れたり、文句ばかり言って手抜きをしていたら、運の悪いままです。そこで「なにくそ」と奮起したり、目の前の課題と必死に向き合っていれば、なぜかおもしろくなってきます。自然と力もつくし、人から認めてもらえたりします。運がよくなってくるのです。不思議ですけれど、これは天地自然の法則なのだと思います。

ちなみに、なぜか私は12歳年上の申年の人と縁があります。戦死した兄、川上哲治《てつはる》さん、藤平光一、みんな同じ歳でした。どんなつながりがあるのかわかりませんが、死んだ兄が私の成長のために引き合わせてくれたのかな、とも思っています。

プロは食うか食われるかの世界。甘ちゃんは追い出される

1954年（昭和29）、私は巨人軍に入団しました。

敗戦から9年、日本人に〝ふつうの暮らし〟が戻りつつありました。とはいえ、まだまだ娯楽に興じる余裕はなく、楽しみは限られていました。歌謡曲、相撲、野球がその代表であり、大人も子どもも熱い声援を送ってくれました。

巨人軍には、野球史に名を残すような錚々《そうそう》たる選手が名を連ねていました。川上哲治、千葉茂、投手の別所毅彦《たけひこ》、藤本英雄、監督は水原茂。

新人選手なら、怖くて委縮するようなベテランばかりです。しかし〝プロ〟は弱肉強食の世界。熾烈《しれつ》な生存競争を勝ち抜いていかなければ、この世界にはいられません。ベテランを追い抜かなければ、自分の出番はないのです。

入団する前、私は〝六大学野球のスター〟と言われていました。今ならそういう選

手はマスコミにちやほやされ、球団も先輩たちも大事に扱うでしょう。

でも当時は、そのような歓迎ムードは皆無です。誰もが生きるのに必死な時代でしたから。食うや食わずの極貧家庭、父や兄が戦死した者などばかりです。そんな厳しい環境の中で、己の体を鍛え、技を磨いて、プロになった。この世界から弾き出されたら〝食えない生活〟が待っているのです。ですから、スター選手を歓迎するムードなど、あるわけがないのです。

私もプロになって、いきなり〝洗礼〟を浴びました。私がバッティングケージで打っていると、バットが飛んできました。後ろには南村侑広《ゆうこう》さんが立っている。早稲田の先輩です。私はてっきり、素振りで手を滑らせてバットを飛ばしたのだろうと思い、拾い上げて渡しました。すると「どけ！」と睨《にら》まれました。南村さんは、私をケージから追い出そうとして、バットを投げたのです。同じ大学の先輩といえどもこんな調子で、容赦はありません。

「これがプロの世界なのか」。私はいきなり厳しい世界の現実を突き付けられました。

「この世界は図太くなければ生きていけない。食うか食われるかなのだ」と思いました。正直、心のどこかに甘い氣持ちがあったのだと思います。

だが、プロでは甘さは通じません。それどころか命取りになる。私は褌《ふんどし》を締め直しました。厳しい先輩のおかげで、私は〝幸先のいいスタート〟を切れたのです。

川上哲治さんとの確執の噂。本当はどうなのか

ここからは少し、川上哲治さんとの話をしてみましょう。

プロ野球ファンの間では「川上と広岡には深い確執があった」と言う人がいます。当時のマスコミは、私と川上さんの関係を面白おかしく書き立てましたから。

たしかに、現役当時、私は川上さんを憎んだこともあります。また、私の現役時代の晩年は、川上さんが監督をやっていて、最後は〝事実上辞めさせられた〟というの

も確かです。また、現役引退後も、川上さん率いる巨人軍からさまざまな嫌がらせを受けたことも事実です。だから世間は、私が川上さんや巨人軍にうらみを持っていると思うのでしょう。

でも、実際は違います。

私は巨人軍にも、川上さんにも感謝しているのです。これは本当の氣持ちです。不仲という事実はありましたが、心の中では感謝でいっぱいなのです。

理由はただひとつ。〝いい野球〟とはなにか、という基本を教えてくれたからです。

私が入団したとき、川上さんはプロ入り14年目でチームの大黒柱でした。世間では「打撃の神様」などと言われていました。新人としては近寄りがたい存在ですが、死んだ兄と同じ歳ということもあり、私は親近感のようなものを抱いていました。ですがその思いはすぐに裏切られました。

川上さんはファーストを守っていたのですが、守備は本当に下手くそでした。少しでも送球が逸《そ》れると捕れない。正確に言うと、捕ろうとしないのです。

川上さんは「俺はこの辺りの球しか捕らんからな」と言い、ファーストミットで胸の当たりに小さな円を描きます。「嘘だろ」と最初は思いましたが、本当に捕らないのです。練習だけでなく、試合のときも捕らない。だから、私に失策の記録がつく。私の「エラー記録」の何割かは、川上さんのせいです。

強いチームは懐が深い。蹴落とすのではなく磨き上げる

川上さんと私との〝確執〟が、世間に知られた日の出来事があります。あれは洋松ロビンス（現・DeNA）との試合でした。巨人が8－4でリードしていて9回裏の守備のときです。ショートゴロを私がさばき、ファーストへ送球。ところが、ボールが少し高めに逸れてしまった。ちょっとジャンプすれば捕れるのに、川上さんは捕らない。

私は怒るより先に「いい球を投げなきゃ」と思ったのです。それで不要な力が入ってしまい、次のプレーでも送球がわずかにずれたのです。これも川上さんは捕らず、相手に1点が入った。結果、ロビンスに満塁ホームランが出て逆転負けしました。

試合後、私は監督や先輩たちに「すみません。自分のエラーのせいです」と頭を下げましたが、素通りされました。悔しいやら情けないやらで、うなだれているところに唯一声をかけてくれたのが、顔見知りの記者でした。

これで、張り詰めていた私の氣が緩《ゆる》んだのかもしれません。「申し訳ないことをしてしまった」と反省しながらも「ファーストが下手くそじゃけ。あれくらい捕ってくれにゃあ、野球はでけんけのぉ」と広島弁で言ってしまったのです。これはまずかった。

私の発言は、翌日のスポーツ紙に大きく報じられることに。プロ1年目の若造が「神様批判」をしたのだから大変です。チーム内も氣まずい雰囲氣になりました。これが世間で「川上と広岡の確執」と言われるようになった発端です。

たしかに、プロ1年目、私の守備はまだまだ未熟でした。川上さんの示す範囲に送球すればいいのですが、確かな技術がなかったのです。もちろん捕れない球は放っていません。でも、下手くその川上さんでも捕れるような球を投げられないタイミングもあったのです。そうした自分の未熟さを隠すかのように、川上さんを批判してしまったわけです。

ですが、そんなときにも優しい声をかけてくれる先輩がいました。そこはやはり最強の巨人軍なんです。セカンドの千葉茂さんは、こう言ってくださいました。

「なあヒロ、あのファーストは下手だろ。それでも構えたミットの真ん中に放ると『いい球だ』と褒《ほ》めるだろ。だったらな、褒めてもらえる球を増やせばいいんよ」と。

また、ショートの先輩である平井三郎さんもアドバイスをくださった。

「ヒロの送球は矢のようだ。おまえはピューッと地を這《は》ってグイーンと伸び上がる球を放りたがってるだろ？　けどなあ、うちのファーストは下手なんだ。だからヒュ～ッとくらいのな、捕りやすい球を放ってやれ」と。

平井さんは、私が入団するまでショートのレギュラーだった人です。新人の私にポジションを獲られたわけですから、本当は面白いはずがないのです。それなのに「もっとうまくなれ」と〝守備の肝〟を教えてくれる。平井さんの人柄のよさもありますが、当時の巨人軍には、そんな懐の深さがありました。

「おまえがうまくなるなら、俺はもっとうまくなってやる」と、おたがいに切磋《せっさ》琢磨《たくま》しながらチームを強くする雰囲氣があったのです。

今だけ、この場だけ、自分だけ。目先優先では未来は危うい

厳しい先輩もいました。例えば、エースの別所毅彦さんは試合後、水原監督に「水さん、あんな下手なショートじゃあ、勝てる試合も勝てんわ」と吐き捨てるように言っていましたから。大きな声で言うから、嫌でも聞こえてきます。

川上さんや別所さんは、なぜそうするのか。本心を聞いたことはありません。でも私は悔しくて「絶対にうまくなって見返してやる」と奮起するわけですから、結果的にいいほうに転んでるわけです。

とにかく、巨人が本当に強かった頃には、こんな野武士みたいな人がゴロゴロいました。「いい選手が揃っていたから強かった」と勘違いされがちですが、実際は、みんなが「あいつに負けない」「あいつを追い越す」と磨き合ったから強かったのです。後輩だけでなく、先輩にも「下手くそ」と平氣で言います。やはり言うからには、それだけの実力を持たなければなりませんから。自分の言動に責任を持たなければならないわけです。

そこは、今とは違うところかもしれません。もし、今それをやったら大変でしょう。言った人が「パワハラ」だと悪者にされてしまいます。だから、言いたいことがあっても口をつぐんだり、当たり障《さわ》りのない言葉でお茶を濁《にご》したりする。

このため、一見、優しい人は増えました。けれども、人間は弱くなりました。

「嫌われない」ということに神経が注がれすぎて、本当に大事にすべきことがわかっていない氣がします。

世の中全体が「今さえよければいい」「この場さえよければいい」「自分さえよければいい」という感じで、視野が極度に狭くなっています。そこはとても心配です。

目先の利益に囚《とら》われたら、未来は危うくなりますから。これは天地自然の法則でしょう。プロ野球だけでなく、政治も経済界も、あらゆる世界でスケールが小さくなっているのを感じます。どうにかしないといけないと氣がかりです。

「ボールが止まって見えた」という神様・川上名言の真相

不仲ではありましたが、川上さんには、尊敬できる部分もたくさんありました。

例えば、川上さんは、人を叱らねばならないときには、自分の部屋へ呼んで叱りました。人前で叱られると、その人は傷つきます。誰でも叱られるのは恥ずかしいのです。だからこっそり呼んで、しっかり叱るわけです。

そんな氣くばりのできる人でした。この点はやはり大したものだと思います。

なによりも、打撃への執念はすごかったです。ここは真底学ぶべきところです。日本選手権のときに、川上さんの打撃が不調だったことがありました。チャンスに凡打をくり返しました。責任を感じた川上さんは「このままでは巨人は負ける。俺はベンチに引き下がってもいい」と言ったのです。するとみんなが「巨人は川上さんがあってのチームだ。そんな弱氣でどうする」と励まして、川上さんを守備につかせました。

野武士みたいな人たちが川上さんを認めていたのは、やはり打撃への執念を知っていたからだと思います。

川上さんは打てなくなると、試合のない日に猛練習をします。若い投手を2、3人連れて多摩川球場に行き、2〜3時間カーブばかりを投げさせる。川上さんは、黙々と打ち続ける。そうやって調子を取り戻すわけです。

川上さんの「ボールが止まって見えた」という言葉は、この〝特打ち〟のときに出たものです。2〜3時間も打ち続けていると、疲れ果て、体の感覚がなくなってくるのです。最初は元氣があるから躍起になってバットを振る。すると体が突っ込んだり、打てなくて考え込むうちに振り遅れたりする。つまり、邪欲があるのです。

ところが、バットを振り続けているうちに、疲れて感覚がなくなり、立っているのがやっとになる。その状態で、来た球を無心に打つ。これが〝無の境地〟です。川上さんの感覚としては、カーブの曲がる直前に止まったように見えたのでしょう。実際にボールが止まるわけはないのですから。

川上さんは、嬉しそうに話してくれました。

「おい、ヒロ。わかったぞ。バッティングはなあ、来た球を打てばいいんだよ。軸足に重みを移すと、無心になって球がよく見えるぞ」と。

宝物を見つけて興奮しているように話すのです。そういう純粋なところに、やはり人は魅了されますから。

ともかく、人間には、いい部分も悪い部分もあるのです。悪い部分は反面教師にして、いいところは素直に認めてあげたらいい。「ここはいいな」と思うところは真似をする。そう考えたら、どんな人からも学べると思います。

心と体の使い方を知らないと、技術は高まらない

川上さんには、無頓着なところもありました。例えば、バットケースに立ててあるバットを見て「これはいいな」と思うと、他人のものでも構わず使ってしまう。あるとき私のバットにヒビが入っていたのです。「誰か俺のバット使った?」と聞くと、川上さんが「ああ、俺や俺。後で金渡すから新しいのつくってこい」と平然と言うのです。とにかく打撃に関しては、後先考えずに、夢中になるわけです。守備もこれく

らい真剣にやってくれたらよかったのにと思います。まあ、それを私も口にしてしまうから、嫌われるのでしょうが。

それでも川上さんは、シーズンオフになると「おい、ヒロ。一緒に練習するか」と声をかけてくれたものです。私は行きませんでしたが。

なぜなら、オフには独自の勉強をしたかったからです。私は中村天風の講話を聴きに行ったり、天風の教えを汲《く》む藤平光一の合氣道の稽古に行ったりしていました。野球だけをやっていては広がらない。自分の厚みを増していかないと、野球にも幅や厚みが出ないと考えていたのです。

実際に、中村天風や藤平光一の教えは私の土台となり、野球にも大きく活かされています。後で話しますが、ワンちゃん（王貞治）の一本足打法も、心身統一合氣道の藤平光一がいなかったら生まれなかったものなのです。

技術を高めるのも大事なのですが、やはり心と体を育てることです。心・技・体などと言いますが、これはどれもひとつのものです。心が育っていなかったら、体を鍛えても動かないし、技術を磨いても使えませんから。

そういうことが少しずつわかってきたので、私は川上さんの練習の誘いを断って、オフには「心と体の使い方」を徹底的に鍛えたのです。

ライバルは蹴落とすのではなく、切磋琢磨する存在だ

かつて巨人軍が最強だった理由として、やはりライバルの存在も大きいと思います。

私が入団した当時、ショートには平井三郎さんがいました。平井さんは3年連続でベストナインに選ばれていた人です。堅実な打撃にも定評がありました。

いっぽうの私は、打撃にはまったく自信がない。入団当初は、プロの球を打てる氣がまったくしませんでした。でも、平井さんを超えない限り、私には出番は回ってこないわけです。どうしたら超えられるのか？

まずは「懐に飛び込んでみよう」と思いました。

ダメでもともと。私は平井さんの部屋を訪ね、頭を下げることにしました。

「どうしたら打てるか、教えてください」

平井さんも驚いたと思います。ライバルになる後輩から「あなたからポジションを奪いたいので教えてください」と言われているようなものですから。

でも、平井さんは、頭を下げ続けている私に、ぽつりと言ったのです。

「ボールはホームプレートの上で叩け」と。

今度は私が面食らう番でした。まさか教えてくれるとは思いませんでしたから。でもその説明ではわからない。そこで「どうやって?」と、踏み込んでみたのです。

平井さんは部屋にあったバットを構えて「ここで引っぱたくんだ」と実演してくれました。「この位置で引っぱたくには、どうしたらいいか。それは自分で考えろ」と言い、くるりと後ろを振り向いてしまいました。

「もうこれ以上は教えられない。後は自分でもがき苦しめ」ということなのでしょう。

私は深々とお辞儀をして、平井さんの部屋を出ました。

「プレートの上で引っぱたく」とは、「手元までボールを引きつけて鋭く振る」ということです。そのためには、スイングスピードを上げる必要がありました。速いスイングをするには練習しかありません。私は一日2000本の素振りをくり返しました。

結果を変えるには、現状を変えるしかないわけです。

おかげで私はプロの球を打ち返せるようになり、ショートのレギュラーにもなりました。1年目の成績は、打率3割1分3厘7毛、ホームラン15本、打点67点。新人賞もいただきました。

父の言葉が蘇ってきました。

軍艦は運命共同体だ。乗組員のひとりが手を抜いたり、勝手なことをしたりすれば、艦は沈む。全員が同じ目的を共有し、力を合わせなければ勝てないのだ——。

平井さんも同じ思いでいたのでしょう。自分がレギュラーを守ることよりも、チームを強くすることを優先してくれたのだと思います。

「おまえも努力しろ。俺も負けないからな」と、そんな氣持ちだったのでしょう。平井さんの氣持ちは、後年、私が身をもって体験することになります。

固執すれば流れは淀み、全体が腐っていく

プロに入って13年目。私は後輩の黒江透修《ゆきのぶ》にポジションを渡すことになりました。もちろん、易々と渡したわけではありません。そのとき私は34歳でしたが、守備はまだ誰にも負けない自信がありました。

黒江はノンプロを経て巨人軍に入団してきました。フロントは「広岡の後釜に」と考えていたのでしょうが、私としては「はい、どうぞ」と言う氣はありません。

あるとき、広島遠征の寝台車の中で、下のベッドにいた黒江が声をかけてきました。「広岡さん、ちょっと話せますか?」と。私は「おう」と答え、黒江をデッキに連れ出しました。他の人に聞かせる話ではないなと、直感したからです。

黒江は「なぜ自分は使ってもらえないのでしょうか」と単刀直入に聞いてきました。

私は「選手の起用は上が決めることだ。だから俺はその質問には答えられない」と返事をしました。すると「俺の守備のどこが悪いのか、教えてください」と、黒江は頭を下げてきたのです。

頭を下げて教えを請われたら、教えないわけにはいかないでしょう。なにしろ当時の私は〝コーチ兼任〟という立場でもあったからです。

私は「ゴロの勢いを止めろ」と話しました。

「どうしたら勢いを止められるのか？」と黒江は迫ってきましたが、「それは自分で考えろ」と答えました。あのときの平井さんと同じようにしたのです。

意地悪で教えなかったのではありません。自分の頭で考えて、実践することの大事さを経験して知っていたからです。考えて、実践して、失敗する。また考えて、実践して失敗する。そうやって、何度も何度もくり返してつかんだものでなければ、自分のものにならないからです。上っ面の技術では、やがてボロが出てしまう。これではチームのためにもならないでしょう。

黒江はその後、どんどん上達していきました。そして、遠征ではなぜか私と同部屋になることが多く、しつこく質問してくるのです。私はできるだけ丁寧《ていねい》に答えました。

1966年（昭和41）のシーズン途中、黒江は私に代わり、ショートのポジションを獲りました。私が負けたわけではなく、黒江が私を上回ったのです。

成長してきた者が、先にいた者と入れ替わるのは、天地自然の法則と言えます。自然界は、そうやって循環をくり返しながら生き続けるわけです。

川の水がせき止められ、淀んでしまったら、水は腐っていきます。流れているから澄んでいるのです。それと同じことです。

先達が自分の利益だけを考え、ポジションに固執すれば、後進の歩みは止まります。それどころか全体が滞《とどこお》り、腐っていくでしょう。それは未来を危うくすることでもあるのです。

人生はなるようになる。だから憂えることなかれ

1966年（昭和41）、私は13年間のプロ生活を終え、巨人軍を去りました。しかし、じつはその2年前、引退につながる屈辱的な出来事があったのです。

対国鉄（現・ヤクルト）戦。1アウト、ランナー三塁のチャンスの場面で、私に打順が回ってきました。相手投手は金田正一、三塁ランナーは長嶋です。金田投手が投球動作に入り、足を上げた瞬間、三塁にいた長嶋が猛然と本塁に走ってきます。一瞬、なんのことかわかりませんでしたが、ホームスチールを仕掛けたのです。サインは出ていませんでした。

結果はアウト。私は怒りに我を忘れました。

外野フライか、最悪、内野ゴロでも1点を取れる場面です。ホームスチールは博打《ばくち》でしかありません。「そんなに俺のバッティングが信用できないのか！」と腹が立ち、

次のボールを思いきり振って、わざと三振しました。

怒っていた私は首脳陣と目も合わせずロッカーに直行し、そのまま帰宅しました。試合途中に勝手に帰ったのだから大問題です。

監督は川上さん。ホームスチールのサインも川上さんが出したのでしょう。打者の私に知らせず、三塁走者の長嶋にだけ、こっそりとサインを出したのです。打者に黙ってホームスチールするなんて、あり得ないことです。長嶋は素直な人間なので、監督のサインに従っただけだと思います。

「川上さんは俺を嫌うだけでなく、ひどい仕打ちをして俺をいじめ、自分から辞めるよう仕向けているのか?」という疑念が湧いてきました。川上さんと私の不仲は決定的になりました。

シーズン終了後、マスコミは私の進退についてあれこれ書き立て、球団側もトレードに出す決意を固めていたと思います。

でも、私は迷っていました。現役を続ける力はあるとも思っていました。トレードされて他の球団に行くか、このまま引退するべきか……。

私は中村天風の元を訪ね、川上さんとの不仲に至った経緯なども含め、洗いざらいを話しました。中村天風は「おまえは、どうしたいんだ?」と尋ねました。

私が「巨人軍以外は嫌です」と答えると、天風は鋭い声で言ったのです。

「ならば、巨人の広岡として死ね!」

肚《はら》は決まりました。私は正力亨オーナーを訪ね「引退します」と告げたのです。

しかし、私の決意とは裏腹に、正力オーナーは私を引き留めました。そして、そこから2年間〝生殺し〟のような中途半端な状態で巨人のユニフォームを着続けたのです。

これはとてもつらいことでした。しかし、この経験があったおかげで、私の心の奥底に、指導者としての闘志が芽生えたのかもしれません。

監督になって、巨人軍より強いチームをつくる——。

いずれにせよ、人生は自分の思い通りにはならないものです。自分の人生がどこに、どう運ばれ、どうつながっていくかは、誰にもわからないのです。

だからこそ、先のことを心配しても仕方がない。また、過ぎたことを、いつまでも憂えていても仕方ありません。前を向くしかないのです。積極的な心を持ち、目の前にあることと、しっかり向き合っていくしかないのだと、私は確信します。やるべきことをなせば、自然にいい具合になっていく。そう思うのです。

3章

人間を育てる、広岡の流儀

野球解説者になろう。ただしやるなら本氣で

巨人軍を去った私は〝野球評論家〟になりました。なにしろスタンドから見る野球は初めてだったので、新たな氣づきも多く、新鮮でした。しかし、せっかくやるなら、「誰にも負けない確かな視点と野球知識を得たい」とも思いました。そこでアメリカに渡り〝本場の野球〟を勉強することにしたのです。

スポンサーをつければ、偏《かたよ》った見方になってしまうのではないか。だから、単身で、預金をとり崩しての〝自費留学〟をすることにしました。1ドル360円の時代なので、相当な資金を投じることになりますが、メラメラと燃えてくるものがありました。

現役時代、川上さんとは何度も衝突しましたが、私が間違っていたとは思いません。私の野球理念が正しいことを、本場の野球に触れて、確かめたかったのです。

私怨ではないのです。私の野球理念が正しいことを証明すれば、プロ野球全体の未

来にもつながる――。そんな思いもふくらんできたのです。

こうして1967年（昭和42）2月、私はアメリカに向かいました。まずは、名門サンフランシスコ・ジャイアンツのキャンプ地アリゾナ州フェニックスを視察し、その次は、ロサンゼルス・ドジャースがキャンプをしているフロリダ州ベロビーチです。ドジャータウンは、現役時代にドジャースと合同キャンプを張った、なじみの場所でもありました。空港に着くと、ドジャース職員のアイク生原《いくはら》が待っていました。

アイクは早稲田大学野球部の後輩です。亜細亜大の監督になり、東都大学リーグの1部に昇格させた後、ドジャースに留学を申し入れ、球団で働き始めました。そこでの仕事ぶりを会長の長男ピーター・オマリー副社長に認められ、正職員になったのです。

ちなみに、アイクは後に、オーナー補佐にまで昇進しています。また「日米野球交流に尽力した」という功績を評価され、日本の野球殿堂にも入っている人物です。

本氣でやると、不運も幸運に転じてくる

ドジャースがどんな野球をするのかと〝学ぶ氣まんまんまん〟だった私に、思わぬ横やりが入りました。巨人軍から視察を邪魔されたのです。

そのときドジャースは、巨人軍と合同キャンプを張っていました。ところが、私が視察に来ると知った巨人軍側が、拒絶を申し出たのです。後でわかったことですが、木陰にいた私を巨人軍の誰かが見つけ、「広岡に見せたらチームプレーが筒抜けになる」と言ったそうです。私は怒りを通り越して、情けない氣持ちになりました。

当時の私は単なる評論家です。そんな人間に練習を見られたからといって、なにが問題なのでしょう。しかも私は、ドジャースの野球を学びたいわけです。

でも逆に、この事件があったおかげで、私の運命は変わったのかもしれません。

「よし！　だったら俺は指導者になる。本場の野球を自分のものにして、誰にも負けない指導理論で、巨人軍にも負けないチームをつくるのだ」と決意を固くできたので

すから。本当に、なにが幸いするかはわからないものです。

巨人軍が帰国すると、ドジャースはお詫びの氣持ちもあってか、練習の隅々まで見せてくれました。おかげでキャンプとオープン戦をじっくり学べたのです。

さらに幸運だったのは、私の熱心さに感激したピーター・オマリー副社長が、IDカード（身分証）を発行し、他の球団にも連絡をしてくれたことです。どの球団も「オマリー氏から聞いている」と言って、快く迎えてくれました。おかげで私は、さまざまな球団の野球を間近で見ることができたのです。

もし巨人軍の嫌がらせを受けていなければ、私は本場の野球をこれほどじっくりと学べなかったでしょう。「誰にも負けない指導理論を確立する」という強い氣持ちがあったからこそ、不運が好転したのです。

ああ、本当に中村天風の教えの通りだなと思いました。

「人間は心（氣）の持ち方によって、体の働きや力の出方が変わってくる。健康にも影響するし、運命までも変えてしまうんだ。だからどんなときも、心を積極的に使い続けなければならない。これは宇宙真理だ。人間として厳守すべき自然法則なんだよ」

中村天風は、そう話し、いつも心を積極的に使うよう教えてくれていました。私が今もバカの一つ覚えのように「やるべきことをやる」と言っているのは、それで本当に人生がよくなっていくからです。単なる耳学問の知識ではなく、経験に基づく〝真理〟なのです。

根氣よく教えれば人は必ず育つ。あきらめた時点で終わり

氣の持ち方が大事なことは、コーチ時代にも学びました。

評論家の私に「コーチをやらないか」と声をかけてくれたのは広島東洋カープです。監督は根本陸夫さん、ヘッドコーチには関根潤三さんが迎え入れられました。当時の

カープは弱かったのですが、熱狂的なファンに支えられ、選手は一途《いちず》でした。私はこのカープで2年間、内野守備コーチを務めたのです。指導者としては初心者ですから。考えては、試して、失敗するのくり返しです。もう毎日が学びでした。

一番の財産は「根氣よく教えれば、人は必ず育つ」と知ったことです。

実例で話しましょう。苑田《そのだ》聡彦《としひこ》という選手がいました。外野手から内野手へコンバートさせられたのですが、動きがぎこちなく、いくら教えても一向にうまくなりません。苑田は必死なんですよ。頭に十円ハゲができるほど練習するのですが、よくならない。

ついに私も白旗を上げました。監督の根本さんに「苑田に内野は無理です」と告げたのです。すると監督は「おまえは2年契約のコーチだろう。期間内は教える義務があるんだよ」と逃がしてくれません。参ったなと思いました。

「根氣よく教えるしかないな」と思い直して、これまで以上に苑田を鍛えたのです。やはり私の心のどこかに「苑田は物にならないだろうな」という迷いや諦めがあったのでしょう。それを断ち切り、本氣で苑田に向き合ったのです。その結果少しずつ上達していきました。1年半後、ついにレギュラーをつかみました。大したものです。努力は裏切らなかったのです。

苑田だけではありません。衣笠祥雄、山本浩二、水谷実雄、三村敏之、水沼四郎を始め多くの選手がメキメキと力をつけました。「赤ヘル黄金時代」の土台を築いたのです。

根氣よく教えれば選手は育つ――。

私はそれを学びました。ヤクルト時代にもコーチ全員が見放した水谷新太郎が、3年がかりでショートのレギュラーをつかみました。やはり根氣よく教えることに尽きます。

どんな人間も、優れた能力を持って生まれてくるのです。本人にやる氣があり、指導者に根氣があれば、人は必ず成長します。ところが、本人も指導者も「ムリだな」とあきらめてしまうのです。いろいろ理屈をつけて。だからその時点で終わってしまうのです。もったいない話です。

私も苑田の例がなかったら、そうなっていたかもしれません。だから感謝です。

さまざまな監督を見てきましたが、思い違いをしている人が多いと思います。

「監督は勝つのが仕事。選手の指導はコーチに任せればいい」などなど。

これは大きな間違いです。

監督の仕事は〝選手を育てて勝つこと〟なのです。

もっと言うと〝コーチを育てる〟のも監督の仕事です。

選手を育て、コーチを育て、チーム全体を強くする。それが監督の務めなのです。

よい面を見ればよい面が伸びる。悪い面を見れば悪い面が伸びる

人間には、よい面と悪い面があります。

よい面を見て、よい面を伸ばせば、その人間は成長します。反対に、悪い面ばかりを見ていたら、悪い面がどんどん伸びていきます。これも天地自然の法則です。

しかし、どうしても人の悪い部分は目に付きやすいのです。だから、悪い部分ばかりが氣になって、それを直しているうちに、よい部分まで消えてしまう。これはよくない。指導者には、長所を見られない人も多いのです。

もっとよくない指導者は、思うようにならない選手を、すぐに見捨てようとします。森祇晶《まさあき》にはそういう傾向がありました。西武時代、監督だった私は、コーチの森に言ったことがあります。

「人間にはみんな、よい面と悪い面があるんだ。悪いからダメと見捨てるのは簡単だよ。悪いところがあるなら、よくしてから俺に報告してこい」と。

どうやったらよくなるか、その方法はあえて教えませんでしたけれど。

教えたら学ばなくなりますから。最初から答えを知って成功したら、なにも身につきません。それだと将来困るでしょう。だから教えないのです。

だからと言って、放ったらかしにはしません。「なにをやってるかな」と目を光らせて、見守っておくことも、監督の大事な務めです。

今のプロ野球界には、見守りが欠けているかもしれません。「専門家」と称する人に任せきって、監督があぐらをかいているように見えます。専門家を置けば置くほど、チームは悪くなっている氣がします。

例えば「トレーナー」という専門家がベンチに常駐していますが、ケガは減っていますか？　逆に増えているのです。専門家の肩書を信用し、任せっぱなしにしているから、不具合も増えているのではないでしょうか。

トレーナーの起用が悪いとは言いません。ただ専門家に任せていたら、選手はどこか氣を抜きます。氣が出ていなかったら、ケガをするのは当然です。

氣を入れるためには、監督が目を光らせておくことです。本当は、監督は選手と一緒に走らなきゃダメなのです。私は走りました。だから選手は絶対にサボれない。

試合中も監督はベンチの奥にダラッと座らず、最前線でギロッと目を光らせる。相手のベンチの動きにも注視して「おまえらの動きは全部わかっているぞ」という氣を出しておく。こういう監督のいるチームは強いのです。

ぬるま湯に浸かっている甘ちゃんは冷水に放り込めばいい

広島で2年間のコーチ契約を終えた後、2年間のブランクを経て、私は再びグラウンドに戻りました。新天地はヤクルトスワローズです。

「監督に」と打診されましたが、ヤクルトの打撃コーチには荒川博さんがおられました。荒川さんは早稲田の先輩です。先輩を差し置いて監督になるわけにはいかないので「守備コーチをしたい」とお願いしました。

当時のヤクルトは〝史上最弱〟と言われるほど低迷していました。ですが、私にとっては好都合でした。なぜなら〝史上最強〟のチームをつくるのが、私の目標だったからです。弱い球団を指導して強くする過程で、多くの学びを得られると思ったのです。

でも現実は、甘くはありません。弱小チームの底上げをする大変さは、広島時代に経験したつもりでしたが、ヤクルトはそれ以上でした。広島と違い、選手に〝そもそもの覇氣〟がない。万年下位にいることに甘んじてしまっているのです。

本氣で取り組みさえすれば、一流になる選手がゴロゴロいるのに、もったいないと思いました。

練習中にゴルフの話をしていても、監督やコーチは黙認です。注意をすれば嫌われるし、順位をひっくり返せるわけでもない。ならば下手に波風を立てないでおこう……。そんな雰囲氣がチーム内に広がっていました。

どんよりした〝氣〟を変えない限り、チームは浮き上がれません。まずは選手の〝意識改革〟と、体改革を含めた〝土台づくり〟が必要なことは明白でした。

私は守備コーチなので、選手の基礎的な技術を徹底的に鍛えました。小学生のような練習をくり返し、体が自然に正しい動きをできるようにしたのです。

そして、チームの守備力がようやくプロのレベルにまで達した3年目、シーズン途中で荒川監督が休養したため、代わりに監督を任されたのです。

監督の私がやるべきことは、はっきりしていました。選手の意識改革です。

人間は、氣のありよう、心の持ち方で、いかようにも変わります。

根本の心の部分を変えれば、急激に変わっていくという目算はありました。

しかし、何年も〝ぬるま湯〟に浸《ひた》っていた選手を変えるのは大変です。それには、急激に〝冷水〟の中に放り込むしかありません。そんなことしたら「なにしやがる。この野郎！」と選手は怒るに決まってます。でも、それも覚悟の上です。

案の定、選手は反発してきました。とくにベテランほど不満は大きい。不協和音をマスコミは喜びます。「広岡の管理野球」と面白おかしく書き立てられました。

本氣だから鬼になれる。本氣にならなくては伝わらない

ベテラン選手の筆頭は若松勉です。類《たぐい》まれなる才能を持った選手ですが、それを発揮できずにいました。

例えば、地方遠征では、選手はバス移動の後でグラウンドに出てきます。しかし、若松はなかなか出て来ない。裏でビールを飲んでいるのです。

「なんでおまえは練習に出てこないのだ」と聞くと「ちょっと足の調子が悪くて。先生に包帯を巻いてもらっていました」などと平然と言うのです。

「ケガをしてるやつが試合前にビールを飲むのか。おまえみたいなやつが、よそのチームに行ってみろ。間違いなく補欠だよ」

「なんだと、この野郎」

こんな調子です。

私は門限をつくりました。飲酒はもちろんダメ。ユニフォーム姿でのタバコもダメ。練習中の私語も禁じました。試合後に（ときには試合中も）ベンチ裏で行われていた麻雀、花札も禁じました。極めつきはオフをなくし、移動日も練習をしたのです。好き放題にやってきた選手たちが、反発するのは当然です。それどころか、私を嫌い、憎む選手もいました。少なくとも半年間は、怨嗟《えんさ》の声が吹き荒れていました。

でも私は「嫌われる」つもりも「管理する」つもりも、これっぽっちもありませんでした。私は選手の能力を引き出そうとしただけです。そのためには、ダメなことはダメと言い、必要なこと、やらなければならないことはやらせる。それだけです。

監督は選手から「いい人」と評価されても意味がないのです。選手の力を引き出し、チームを勝利に導き、「あいつの言うことを聞けば強くなれる、勝てる」と選手が思うようになったなら、監督の存在する意味も出てくる。そこからガラリと選手は変わるのです。

それには、やるべきことをやることです。徹底的にやる。躊躇《ちゅうちょ》したら緩みが出ます。

選手を「本氣」にしたいなら、まずは監督が「本氣」にならなければならないのです。
本氣だから〝鬼〟にもなれるのです。

弱小チームにいるからこそ、多くのことを学べる

チームの勝ち星が増え出すと、少しずつ雰囲氣が変わってきます。勝つのが面白くなるのでしょう。そして「俺たちも勝てるぞ」と思い始めるのです。そうなると、急激に選手もチームも変わってきます。

例えば、若松は「あんなやつに好き放題言わせない」と発奮し始めました。最初は反発心でしたが、「俺たちもやれる」と思うと、積極心が出てくるのです。そして、みんなを引っ張っていく。しかし今度は一所懸命にやり過ぎて、体が悲鳴をあげました。

「若松、今日の試合には出るか？」

「監督、俺はね、一振りはできる。その一撃がヒットになればいいけど、空振りしたらたぶん次は振れない。どうしますか？」

「わかった。じゃあベンチにいろ。代打の一振りに命をかけろ」

そして、本当に代打でホームランを打つのですから、大したものです。同じ奇跡が2度ありました。

「今日はどうやっても勝てそうにないな」と私があきらめかけた試合でも、若松が先頭に立って「俺がいくぞ」とヒットを打つ。そこから打線がつながり、逆転したこともあります。

本氣になることがいかに大切か——。

選手がその氣になれば、能力は自然に引き出されるのです。

最弱のチームに行ったからこそ、この真理に氣づくことができたのだと思います。

若松の話はその一例に過ぎません。私は選手やコーチに教えているようでいて、じつは多くの学びを得ていたわけです。常勝の巨人軍にいたら、学べなかったことばかりです。

ローテーションの分業制は、投手を本氣にさせる制度

最弱のヤクルトを強化するために、私は〝意識改革〟と併行して〝戦術改革〟にも取り組みました。課題は多く、やりたいことだらけでしたが、「あれもこれも」と欲張っては分散してしまう。一点に絞ることが大事なのです。

私は投手陣の強化戦略として、大リーグで学んだ「ローテーションシステム」を採用することにしました。

投手のローテーションシステムは、今では常識になりましたが、当時はどの球団もやっていません。そこで、未知の新しいシステムに挑むことにしました。

幸いにもヤクルトには、松岡弘《ひろむ》、安田猛《たけし》、浅野啓司《けいし》という主戦級の投手がいました。しかし、この3人を巨人戦に投入するため、後が続かず、黒星が並んでいたのです。まさに弱小チームの典型的な戦い方です。

私は「5人の柱でローテーションを組み、5回まではなにがあっても代えない」と決めました。さらに、最終回を任せる〝ストッパー〟を決め、他の投手は、調子のいい順に中継ぎとして投入していく方式を考えました。

5人の先発は松岡、安田、浅野、鈴木康二朗、会田照夫。ストッパーは速球が持ち味の井原慎一朗です。

しかし「5回までは代えない」と決めたものの、実際にやってみると、我慢の連続でした。ボカスカ打たれたり、フォアボールを連発したりすることもある。そんなときも、じっと我慢しました。

ローテーションは〝分業制〟で「投手の負担を軽減するためのもの」と思われがちです。でも実際には「担当する回数に責任を持つ」という〝投手の責任を明確にする〟システムです。甘えは許されず、本氣が問われるのです。

こうした改革が実を結び始め、ヤクルトはこの年（1977年）2位になりました。もちろん投手だけでなく、野手の活躍もあってのことです。こうなるともう、選手はガンガン走り出します。

翌年には、ヒルトン、角富《すみ》士夫、若松、マニエル、大杉勝男らの打撃陣が活躍し、巨人軍を抑えてセ・リーグ優勝を達成。そして一氣に、日本シリーズも制してしまいました。

あのヤクルトが優勝するなんて、誰も想像できなかったでしょう。

「心の持ちようで結果は変わる」という天地自然の法則を、私は改めて学んだのです。

自然食にすると動作は俊敏になり、ケガも減る

ここからは少し、食事の話をしてみます。

野球界では長らく「パワーをつけるためには肉を食え」というのが〝常識〟でした。しかし私は、この常識は間違いだと確信していました。そこで監督時代には、選手の食事を一変させたのです。

ヤクルト時代にも「自然食を摂れ」と選手には勧めましたが、西武の監督になってからは徹底しました。なぜなら、投打の主力の選手の高齢化が進んでいたからです。体力も運動能力も落ちているのは明らかです。「これは徹底的な体質改善が必要だな」と思いました。それには意識から変えていかないといけません。「こりゃまた戦争だわ」とまた腹をくくりました。

体質改善の象徴は田淵幸一です。阪神時代にはホームラン王にもなったスター選手

も齢《よわい》36になっていました。さらに田淵は、西武で「DH」の起用だったため、まともに動けない体になっていました。もし、この田淵が動ける体になったら、西武の選手全体が変わるだろう。そんな期待が私にはありました。

まずは、キャンプイン前に、医学博士・森下敬一先生の自然食講習会を行いました。

森下先生は、選手たちにこんな話をしました。

「病氣は血液のよごれが原因です。だから血液をきれいにすることが、万病を防ぐ根本療法になります。

血液をきれいにするには、玄米・菜食を中心とした自然食を実践することです。自然食を続けると条件反射の能力が高くなり、動作も俊敏になります。脱臼や骨折などのケガも減ります。だからプロ野球の選手にはお勧めです」

もちろん、この話を聞いたからといって、選手が「じゃあ肉をやめて菜食にします」なんて言うわけはありません。ベテランたちは「肉を食わずにパワーが出るかい!」とソッポを向いています。しかし、反発は想定内です。そして、意識変革するには大胆な実力行使が大事なのです。

私は早速、キャンプの食事メニューを変えました。白米は玄米に替え、肉を減らして野菜を増やしました。酒も禁止。体力を消耗し、体を酷使するキャンプでは当然のことです。意地悪でやったのではなく、当たり前のことを実行したに過ぎません。

肉を食べないライオンズ。事実はそうではない

選手たちは不満だったと思います。ベテラン勢の中には、露骨に怒りをぶちまける者もいました。マスコミもそれを面白おかしく記事にして「管理野球」だの「広岡の自然食」だの「肉を食べないライオンズ」などと書きました。おかげで、私はすっかり「管理の権化」のように見られるようになりました。

しかし、事実は違うのです。玄米だけでなく白米も用意したし、肉も禁止ではなく、

控えめにしただけです。玄米・菜食による自然食の効果を説明したうえで、肉食に偏らないバランスのよい食事を勧めただけなのです。

その証拠に、西武の食事は豪華そのもので、他の球団が視察に来たほどです。酒だって、チーム全員で食事をするときには禁じましたが、ホテルの部屋や自宅にいるときまで監視するつもりはありません。

なぜなら彼らはプロなのですから。プロの大人を管理したり、監視したりするのは失礼でしょう。こっそり飲んでいることくらい百も承知しています。チームとして禁じておけば多少の歯止めになると考えて、強めに言ったのです。

ただし、若手が生活する合宿所は徹底しました。自然食による体質改善は、継続することに意味があります。若い選手には今後、長く選手を続けてほしかったので、徹底したわけです。

白米は玄米に。牛乳は豆乳に。肉を減らし、小魚や野菜を増やす。化学調味料は使用しない、などです。

その成果は、若手の台頭を見てもらえればわかるでしょう。石毛宏典《ひろみち》、秋山幸二、辻発彦《はつひこ》、捕手の伊東勤、投手の工藤公康《きみやす》、渡辺久信などが力をつけ始めました。後の「西武・黄金時代」の中心選手たちです。

本氣は伝播する。氣はエネルギーなり

ベテラン組にも変化は現れ始めました。とくにチームリーダーの田淵は変わりました。田淵は陽氣な男で、他のメンバーにも氣をつかう人間です。表面的にはみんなに合わせて、自然食に文句を言っていましたが、裏では真面目に取り組んだのでしょう。体が引き締まり、真剣に練習するようになりました。驚くほど素直な人間なのです。田淵の成績は、前年に比べて格段に上がりました。東尾修《おさむ》、山崎裕之《ひろゆき》、大田卓司、片平晋作らのベテラン勢も奮起しました。体が変わり、動けるようになったことは、

自分が一番わかりますから。とくにベテランは、以前のシャープな動きを知っているわけですから。

リーダー的な存在のベテランが変われば、チームも呼応します。

後期優勝の日本ハムとプレーオフで戦ったときの田淵の姿が忘れられません。声をからしてナインを励まし、大きな声で独り言を言うのです。

「神様、優勝させてください。なにもいりません。僕はどうなってもいい。西武を優勝させてください」

本氣は伝播するのです。本氣でやると一緒にいる人も本氣になります。氣はエネルギーなのですから。

前年まで下位を低迷していた西武ライオンズは、私の就任1年目にもかかわらず、パ・リーグを制し、その勢いで日本一にもなりました。そして、翌年も続けてパ・リーグと日本シリーズを連覇したのです。

内臓に負担をかけない。体力が必要なプロ選手なら当たり前

誤解のないよう言っておきますが、私は西武の改革を「自分の功績だ」と自慢しているつもりはありません。

積極的な心を持ち、天地自然の法則に沿って生きることの強さと、確かさを言っているに過ぎないのです。

なにしろ当時は〝無法状態〟でしたから。朝まで飲み、酒の臭いをさせてグラウンドにいる者もいました。それが武勇伝のように語られるので、後輩も真似をする。

これでは本当の能力を発揮できないし、選手寿命も短くなります。それを見逃していいわけがない。ダメなものはダメと言い、「こうしたらいいよ」とやるべきことを示してあげるのは、監督として当然のこと。私は自分の務めを果たしたに過ぎません。

私が勧めた自然食は、中村天風の教えから得たものです。

「食べ物は常に植物性本位であることが無病長寿の秘訣だ」と常々言っていました。

動物性の食品は、たしかに効果があります。しかし、害や毒も大きいのです。若いうちはまだいいが、年をとればとるほど、動物性の食べ物の害や毒は大きくなります。野球選手は、体力の消耗が激しいので、本当は内臓にまで負担をかけるべきではありません。動物性の食品ばかり食べたり、いつも満腹にしていたりしたら、内臓が疲弊します。それはみなさんもおわかりでしょう。お腹がいっぱいになったらゴロンと横になりたくなる。それは内臓に負担がかかって、エネルギーを消耗するからです。瞬発力や爆発力、集中力の必要な野球選手にとって、内臓に負担のかかる状態がいいわけがないのです。

体に負担をかけたくないなら自然食――。

これは野球選手だけでなく、すべての人に共通することだと思います。年をとると、ますます実感するでしょう。内臓の負担を減らすと、体調がよくなるのがわかるのです。

私がこの年でもまだ元氣なのは、自然食のおかげだと思っています。なかには、お肉をたくさん食べて私よりも長生きしている人もいますけれど、それはもともと内臓の強い人なのだと思います。

心に迷いがあると体も迷い、能力を発揮できない

監督になったとき、ヤクルトの選手も、西武の選手も、最初はほぼ全員が私を敵対視していたと思います。本来それは、望むべき状況とは言えません。理想を言えば、チームは一丸となっているべきです。

でも実際は、最初から全員が一丸になることは難しいでしょう。いろいろな考えの人間がいますから。しかも私は、ダメなものはダメと言い、必要なこと、やるべきことは徹底してやりますから。だから、最初は敵対視されて当然なのです。

ですが「やるべきこと」というのは、私のわがままでやっているのではなく、選手にとって必要なことをしているわけです。だから、やっているうちに意味がわかってきます。「ああ、たしかに調子がよくなったな」とか「広岡さんの言うことをやっていると勝てるな」などと実感が伴ってくるのです。そうなったら変わります。

「この人の言っていることを信じて大丈夫なのかな」という迷いがあるうちは、心が決まらないので、体も宙ぶらりんです。だから能力も発揮できません。

しかし「この教えは正しい」と思うと、心が決まります。宙ぶらりんだった体がビシッと心に寄り添うようになる。心身統一の状態になるのです。そうなると、必ず本来の能力を発揮できるようになるのです。

自分の進むべき道は正しいと、指導者が信念を持つことです。指導者が迷っていたら、選手も迷ってしまいますから。だから、誰になにを言われようと、選手に憎まれようと、「いつかこれが正しかったとわかるから」と、心を決めてやることだと思います。

「選手の能力を引き出す」「チームを強くする」という強い意志を持ち、「そのためにはこれが必要だ」と思うことを実行する。

そのためには勉強もしなければいけません。だからこそ指導者には学びが必要です。学ばずにふんぞり返っている指導者は、いくら信念があっても、うまくいきません。結果が出ないので、選手はそのうちに言うことを聞かなくなります。

組織を強くするには、味方になる人をふたり置く

監督がどんなに自分の信念を持っていても、それが正確に伝わるとは限りません。伝えるには補佐役も必要です。監督の考えをしっかりと理解して、味方になって動いてくれる人間が、そばにいるといいでしょう。

監督がいくらひとりで頑張っても、やはり限界がありますから。目の行き届かない

ところが出てくるし、こちらの意図が正確に伝わらないこともある。選手がなにを考えているのか、つかみきれないところも出てきます。不満の声を聞くのも大事です。そういった足りない部分を、補ってくれる人が必要なのです。

私は監督になるときに、ふたりの補佐役をつくりました。プロ野球には2軍と3軍があります。組織全体で一貫しておかないと、必ずどこかから、ほころびが出てきます。初めは小さなほころびでも、放置するといつの間にか大きくなります。それが怖いのです。

補佐役となるふたりのコーチは、私の考えや意図を正しく理解でき、私の指示をきちんと伝えてくれる人を選びます。ふたりのコーチが、その先にいる選手とつながっていくことで、だんだん理解者や味方が増えていきます。組織が強くなるのです。

補佐役のコーチは、ただの〝味方〟ではなく、将来、監督にするようなつもりで教えるといいでしょう。どこに行くのでも、できるだけ連れて行き、自分の指導を見てもらったり、話を聞いたりしてもらう。現場で身をもって教えるわけです。

ただし、諺《ことわざ》にも「昨日の友は今日の仇《あだ》」とあるように、人間関係に〝絶対〟はないので、それは承知しておくべきでしょう。そのうえですべてを託し、教えていくことが大事なのです。森祇晶はそのひとりでした。

森のことは、よい部分も悪い部分も、全部知っています。森は頭がいい。例えば、西武の監督になる前、森に「このチームは勝てるか?」と聞くと「すぐに勝てますよ」と言う。機転が利くから、私の氣持ちを先読みして答えるのです。見え透《す》いた嘘だとわかっても、私は「そうか」と答えます。

頭がいい分、ずる賢いところもありました。私がいないところでは「俺がいるから成功した」と自分の手柄にする。そのくせ、選手が文句を言うと「これは監督命令だ」と私のせいにして逃げるわけです。

門限のことでもそうでした。私は門限をつくりましたが、遅れる者を見張ったり、咎《とが》めたりするつもりはありませんでした。選手はプロの大人ですから。自覚を促すだけでいい。しかし森は遅れた者に罰則を科した。おかげで私は「管理野球」「選手を縛る」とマイナスに言われるようになりました。

あるとき選手会長が「森ヘッドコーチがゴチャゴチャうるさくてしょうがない」と苦情を言ってきたことがありました。選手の話も聞かないといけないので、私は森に言いました。「おまえなあ、しばらく黙っとけ」と。森はもともと、功績や名誉を欲しがるタイプの人間なのだと思います。もちろん、それを否定するつもりはありません。どんな人間にも、よい面と悪い面がありますから。

仮に、もし私が今、監督をやるなら、やはり森をそばに置くでしょう。やはり頭のいい男ですから。コーチとして信頼していました。森には本当に助けられたと思っています。常に敵に変わり得る男ではありましたが、感謝しています。

チームに緊張感があると、ごまかしが利かなくなる

監督というのは、すべての責任を持つ人間です。だから常に全身から氣を出し、目を光らせておかないとなりません。かつては威厳のある監督がいたものです。氣を発しているから、選手だけでなく、コーチも近づき難い。だけど、それでいいと思うのです。

今は、嫌われたくないので、友だちみたいにやる人が多い。だから、選手やコーチだけでなく、監督にも甘えが出てしまうのかもしれません。

「俺は監督としてやるべきことをやる。だから、コーチもやるべきことをやれ。選手をしっかり教えろ。選手がダメなのは、コーチの教え方が悪いからだ」

こんな監督なら、コーチも選手も氣を抜けない。監督自身も、自分に甘くできなくなります。

チームにはね、こういう緊張感が必要なんです。どの世界にも通じる話です。世の中全体が緩いから、日本と日本人は、どんどん弱くなっているように見えます。私はそれを心配しています。

緊張感で思い出すのは、ヤクルトのエース松岡弘です。松岡は接戦のときには、よいピッチングをするのですが、味方が点を取ると途端に乱れ始める。真面目な男で、油断したり、手を抜くとは考えにくい。そこであるとき、松岡を呼び、聞いてみました。

するとと松岡は、意外なことを言いました。

「点を取ってもらうと硬くなってしまうんです。せっかく仲間がとってくれた点を守らなければと思うと、硬くなって崩れてしまうんです」

真面目な性格が災いするのです。ああ、松岡はこういう性格なのかとわかったら、私も楽になりました。真面目な人間はいろいろ考えるので、「だったらこう投げろ」と心がひとつに決まるような指示を出してあげたらいい。

選手の性格をつかんで、それに見合った指示を与えるのも、監督の役目です。緊張感があるから、よい面も悪い面もはっきり見えてくるのです。緩い雰囲氣だと、ごまかしが利くので、小さな歪《ゆが》みが見えなくなるのです。

リーダーには「向き・不向き」がある

私はリーダーには「向き・不向き」があると思っています。

リーダーになるために、一番大切なことはなにか？

それは〝動機〟です。

「なんのためにリーダーになりたいのか」という動機がはっきりしていないなら、リーダーになるべきではありません。

動機がはっきりしていても、「自分のために」という人は、やはりリーダーになるべきではありません。

「力を持って、人を自分の思い通りに動かしたい」などと考える人は、リーダーには向いていません。そんな人間に権力を持たせたら、ろくなことになりませんから。

「自分のため」にリーダーになる人は「嫌われないように」とか「疎《うと》まれないように」ということを優先して、組織を弱くしてしまいがちです。言うべきことに口をつぐみ、やるべきことをしない。これでは組織は強くならないでしょう。

反対に、「ひとりひとりの持っている力を引き出したい。世の中の進化や向上の役に立ちたい」と思う人なら、リーダーに向いています。

「人のため」にリーダーになる人は、個人の能力や性質をよく見抜き、どう伸ばすか、組織にどう活かしていくかを考えられます。

もうひとつ、リーダーに求められるのは〝実行力〟だと思います。誰になんと言われようと、やるべきことはやる。

「ああだこうだ」と理屈ばかり並べる人は、迷いが生じて動けなくなります。

結局、リーダーの覚悟が問われているのです。

自分本位だと〝我が身可愛さ〟のあまり心が揺らぎます。痛い思いをしたくないですから。ところが、世のため人のためという他者本位だと、心が決まるのです。自分を捨てて、他者のために働けるリーダーはやはり強いです。本物です。

4章　すべては心が決めている

死を宣告されてもやれることをやる

この章では、私の人生の土台になっている、ふたりの師の話をしたいと思います。中村天風と藤平光一。この両師のエピソードに触れることで、私の考えや行動も理解でき、みなさんの人生にも活かしてもらえると思うのです。

まずは、中村天風の経歴からお話ししましょう。

中村天風は1876年（明治9）生まれで、福岡・柳川藩主（立花家）の孫にあたります。家柄がとてもいいのです。ただし、とんでもない暴れん坊でもありました。16歳のときに満州に渡り、陸軍の諜報部員（スパイ）として活動しました。氣性の荒い天風は、馬賊と斬り合ったりもしたそうです。

ところが、30歳のときに急性進行性の肺結核を患《わずら》ってしまいます。当時、結核は〝死病〟とされていました。頑丈な肉体を持つ中村天風でしたが、当時の最高権威・

北里柴三郎博士に「君は35歳まで生きられない」と死の宣告を受けてしまうのです。

でも、さすが中村天風はくじけません。「やれることをやってやろう」と決意して、アメリカに渡ることにしました。本を読んで感銘を受けた作家に会いに行こうとしたのです。

「人生の真理と名医を求める旅に出よう。まずは病で弱まっている心を強くせねば」

しかし、結核患者であったため渡航許可が下りません。そこで天風は、密航を企てたのです。「孫文の親戚だ」と偽って、アメリカに向かいます。

天風は、アメリカのコロンビア大学で医学を学びました。しかし、結核は克服できません。そこで今度はヨーロッパに向かいます。ロンドン、フランス、ドイツと学びの旅を続けますが、死病は治らず、どんどん悪くなっていきます。そしていよいよ北里博士に〝死ぬ〟と宣言された35歳を迎えます。

「どうせ死ぬなら日本に戻り、富士山を見てから死にたい」と帰国の途上、エジプトのカイロで運命の出会いをするのです。

すべては心の持ち方なのだ

中村天風の前に現れたのは、ヨガの大聖者・カリアッパ師でした。

ただ、出会ったときは、天風はその人の正体を知りません。歩くこともままならない状況で、得体の知れない雰囲氣を放つ人物と対面します。その人は、中村天風の病を即座に見抜きました。

「あなたは右の胸に重大な病を持っているね。これからどこに行くのか？」

「日本です。いろいろやったけどダメでした。だから祖国で死のうと」

「そうか。だけどあなたは、大事なことに氣づいていない。それがわかればあなたは助かるのに。私についてきますか」

「はい」

わずか数分の出来事で、この不思議な人が誰なのか、どこに行くのかもわからなかったが、すなおに従ったそうです。

向かった先はヒマラヤ山脈の高峰カンチェンジュンガ山。中村天風はその麓《ふもと》で、2年7か月、一心に座禅を組んで瞑想をしたのです。カリアッパ師とはときどき問答をするだけで「大事なこと」がなにかを教えてくれません。しかし、死ぬと言われた時期はとっくに過ぎています。座禅を組み、自問自答するなかで、ついに中村天風は悟るのです。

「そうか！　心の持ち方なのだ」と。

健康も病氣も、幸せも不幸も、自分の境遇も、すべては自分が決めている——。

それがわかると、天風の病は改善し始め、見事に快癒しました。カリアッパ師に認められた中村天風は、「日本初のヨガ伝承者」となり、日本に帰国したのです。

無念無想ほど強いものはない

人間は弱氣になると不遇を招くようにできている。反対に、平氣でいると物事はよい方向に進んでいく――。

瀕死の重病で今にも死にそうだった中村天風が、ヨガの聖者・カリアッパ師に連れられ、インドの山中で修行をしていたときの話です。

来る日も来る日も瞑想しているが、一向によくならない。「俺はいつ死ぬのか」などと弱氣になると、苦しい息がさらに苦しくなり、脈も乱れてきます。

あるとき、瞑想していると、膝のあたりを軽い石でこすられたような氣がしたそうです。「なんだろう?」と思って目を開けると、目の前に大きな豹《ひょう》がいます。豹が天風の膝を舐《な》めていたのです。

その瞬間、天風は、なにも考えられなかったそうです。死にそうなほど呼吸が苦しかったことも、「豹に食われる」という恐怖も湧かず、中村天風は、ただただ茫然と、豹の目を見つめていました。

すると、豹はくるりと後ろを向き、スーッとその場を離れていったのです。

なぜ、豹は離れていったのか？　中村天風は、こう言います。

「このとき俺が『やられる！』と弱氣になったら、豹は襲ってきただろう。反対に、強氣で立ち向かおうとしたら、豹は『こいつは危険なやつだ』と思ってガブリと嚙みついてきたに違いない。驚いたとはいえ、瞬間的に『無念無想』になったから豹は去って行った。無念無想に当てられて、豹は『こいつには敵《かな》わん』と逃げて行ったんだよ」と。

中村天風はこのとき「すべては心の持ち方で決まる」と悟ったのです。やるべきことをやって平氣で生きていたら、物事は自然によいほうへ流れていく——。

この年まで生きていると、私もそれを実感できます。

私の人生でも、つらいことは何度もありました。マスコミに叩かれたこと、西武を辞めさせられたこと、いろいろありました。周囲からは平然としているように見えたとしても、つらさというのは、本人しかわかりません。

けれども、「自分のやるべきことをやる」という堂々たる生き方を貫いていると、いつのまにか事態は好転していくものです。もし、ジタバタして誰かを責めたり、弱氣になってあきらめたりしたら、結果は悪くなっていくかもしれません。

中村天風は「人間は、世の中を進化させ、向上するために生まれてくるのだ」と言いました。これが人間の使命です。つまり、天地自然の法則です。

だから、その法則に従って、世のため、人のために生きていたら、天が助けてくれるのです。

そんなふうに考えたら、積極的な心で生きられるでしょう。積極的な心や、積極的な氣を出して生きれば、人生は変わっていく。私はそう確信しています。

あらゆる力は氣から生まれる

「天地の氣」を取り入れると言いますが、そもそも「氣」とはなんなのか？

私たちは「氣」という言葉を使いながら、氣がなにかを知りません。

日本語には、氣のつく言葉がどれほどあるのか、見当がつかないほどです。「元氣」「氣持ち」「氣合」「氣分」「平氣」など〝心〟に関連する言葉もあるし、「空氣」「天氣」「大氣」「精氣」など〝自然〟に関連する言葉もあります。

ではいったい、氣とはなんなのか？

中村天風の『眞人生之探究』という本には、次のように書かれています。

「あらゆる力は、それがなんの種類であるかを問わず、すべて『氣』というものから生まれる」

「そしてこの『氣』というものは、放射性能を固有する流動性のものであることはこの方面の研究者なら理解している。これは古来、霊氣とか、精氣とか、生氣とか呼ばれている。この『氣』というものが一切の生物の生命を生み出し、そして、その生命を活かしている究極的根源なのである」

この説明を聞いて「よし、わかった！」と納得できる人はあまりいないでしょう。

でも多くの人は、氣がなにかを説明できないけれど、氣の存在は感じているはずなのです。

野球でゴロを捕球し、一塁に送球するときを例にとりましょう。

このとき、なんとなく捕球し、なんとなく投げたら、どうなるか？

おそらくボールを捕り損ねたり、悪送球になったりしてしまいます。

反対に、氣を入れて捕り、氣を入れて投げると、難しいゴロもしっかりと捕球でき、鋭い球を正確に投げることができます。

氣が入るのと、氣が入らないのとでは、大きな違いがあるのです。

私はプロ野球選手になった年から、これまで70年間、心身統一合氣道の門下生として、合氣道を学んできました。

「プロ野球選手が、なぜ合氣道？」と不思議に思われるでしょうか。私も最初は半信半疑でした。でも、藤平光一に出会い、私は衝撃を受けたのです。この人は本物だと。

そして、藤平光一の指導を受けるうちに「氣はすべての土台だ」と確信するようになったのです。もちろん野球も、氣の存在を抜きには語れません。

疑り深い私が本物と認めたふたり

私が、中村天風や藤平光一に出会った経緯をお話ししておきましょう。

早稲田大学から巨人軍に入った1年目、私は幸運にも新人王を獲得し、ベストナインにも選ばれました。周囲から見れば順風満帆に見えたかもしれませんが、プロの世界はそんなに甘い物ではありません。2年目からは打率も伸び悩み、得意の守備でもエラーをするようになりました。壁にぶつかったのです。

いくら努力しても打率は伸びない。そのうちにプレーすること自体が怖くなりました。緊張し、息がつまるような状態で毎日を過ごすうちに、「技術以前に、私の心に問題があるのかもしれない」という疑問を感じ始めたのです。

そんなときに、知人から中村天風を紹介されました。私は中村天風の会に参加するようになり「心身統一法」の考え方を学ぶようになりました。そして、教えを学ぶうちに「やはり成績が伸びないのは、心に問題があるからだ」と確信するようになったのです。

ちょうどその頃、荒川博さんが「合氣道のすごい先生がいるんだけど、会ってみないか」と誘ってくれました。それが心身統一合氣道の創始者、藤平光一でした。稽古を見て、度肝を抜かれました。小柄な藤平光一が、向かってくる弟子を次々にヒョイヒョイ投げ飛ばしていく。しかも軽々とやっているように見えるのです。

私は疑い深い性格なので、最初は「そんなバカなことがあるか」と思いました。インチキを見破ってやろうと思い、間近で3日間、じっくり見続けました。しかし、どこからどう見ても、本氣で向かってくる相手を、本当に投げているのです。

「これは本物だ」

そして、私は弟子入りをしたのです。中村天風に続き、藤平光一は私のふたり目の師匠になりました。

来た球を、ただ打てばいい

稽古を見ながら、私が思いあたったのは、「相手の体が動くより先に、心が動くのではないか。その心の動きを見て、先生は投げているのだろう」ということでした。

先生に聞くと「その通りです。心が体を動かすのです。私の心身統一合氣道は、それを理論立てて、誰にでも実践できるようにするものです」と答えてくださいました。

それなら野球にも活用できる！

というわけで、私は早朝稽古にも通うようになりました。でも、正直これはつらかったです。なぜなら、稽古では本氣で投げられるからです。プロ野球選手だからとか、これから試合があるからなどと手加減はしてくれません。

こちらも本氣で稽古しないと、ものにならないのです。なにより、いい加減な氣持ちで稽古に臨んだら、体は壊れてしまいます。氣を出してやらないと危険なのです。

私は「氣」の重要性に氣づきました。そして少しずつ、野球も氣が基本であり、守備や打撃も氣が土台であるとわかるようになったのです。

藤平光一は、野球の話もよくしてくれました。

「打撃がうまくいかない」と話す私に、笑いながら、次のように教えてくれました。

「打席に立てば球が来るのだろう？　ならば来る球を待ち、ただ打てばいい」

藤平光一は野球のことは知りません。だからふつうなら「素人がなに言ってんだ」と聞き流してしまいそうです。しかし悩んでいた私は、藁《わら》にもすがるような思いでいたため、それが「打撃の本質を突く言葉だ」と氣づくことができたのです。

私は「打ちたい」という氣が先行して、待てなかったのです。だから打ちに行って、打ち損じてしまう。あるいは反対に、あれこれ考えているうちに迷い、振り遅れてしまう。本当は来た球を打つしかないのに、自分の心が動きを悪くしていたのです。

「来る球を待ち、ただ打つ」には、どうするか？

それが心身統一合氣道の「臍下《せいか》の一点に心をしずめ統一する」という教えでした。

これは、言葉で説明してわかるものではありません。70年やっている私でさえ、まだ本当に理解できているかは疑わしいのですから。でも実践はしています。簡単に話すと、次のようなことです。

「心が上ずると体も上ずる。心が揺れると体も揺れる。本来、心と体は統一されたものだから、心の状態は、そのまま体と動きに反映される。

だったら心を静めればいい。

静かな湖面が天空の月をきれいに映すように、心が静まれば、目の前のボールもきれいに映る。しかし、湖面が波立っていると、月は歪んで映る。同じように、心が上ずっていると、ボールも歪んで見えるのだ。

湖面の波は、時間と共に、2分の1、2分の1、2分の1……と無限小になっていき、やがて鏡面のようになる。同じように、心の波も2分の1、2分の1……と静めることができる。

すると相手の動きも、飛んでくるボールも、はっきり映るので、しっかり捉えることができる」

これが、藤平光一が相手をヒョイヒョイ投げる秘密だったわけです。そして、私の打撃がうまくいかないのも、これが理由だったのです。心が波立っているから、ボールを正しく映すことができず、うまく捉えられなかったのだと、理解できました。

臍下の一点とはどこにあるのか

よく緊張して「上がる」などと言います。これは「心が上に上がった」状態を言います。反対に「落ち着け」とも言います。これは「心を本来ある場所に戻す」という意味です。

では、心をどこに戻せばいいのか？

それが「臍下の一点」なのです。

藤平光一は、その場所を「臍《へそ》の下10センチ、肛門の上あたり」にあると言います。

どんなに力を入れても、力の入らない場所があり、それが「臍下の一点」だと。

上ずった心は、臍下の一点にスーッと収めていくようなつもりで、静めていく。

そう言われても、なかなかできません。物事の真理と言われるものはだいたいそうですが、簡単にわかるものではないのでしょう。

実際、私も現役時代、守備に関してはこの教えを実践して上達しましたが、打撃はうまくいきませんでした。

後になってからの反省ですが、心の揺れが収まらなかったのです。

「うまいこと打ってやろう」という欲が抜けなかったのだと思います。もっと正直に言えば、川上さんに「認めさせたい」という邪念があったのだと思います。

「つまらんことをしたな」と今は思います。もし、現役時代に邪念を捨てて、心を静めることができたなら、私は川上さん以上の大打者になっていたかもしれません。

ただ、この経験は、指導者になってから活きました。藤平光一の「氣の理論」のおかげで、「正しい体の使い方」を教えることができたのです。

正しい心の持ち方と氣の原理を知れば、迷いはなくなる

通常、プロの選手は、感覚的に体を動かしているため「どうして体が動くのか」「どう動かしたらいいのか」という運動の原理がわかりません。

このため指導者は、自信を持った指導ができません。だから「俺の言うことを聞け」という乱暴な指導になってしまう。最悪の場合は、殴って覚えさせる人もいます。指導者がわからないのに、それを教えられる選手は、もっとわからないことは自明です。

これは、選手にしても、指導者にとっても不幸なことです。両者の能力が持ち腐れになってしまいますから。

私は、中村天風から「正しい心の持ち方」を、藤平光一から「正しい氣の原理」を学んでいたおかげで、迷わずに指導ができました。野球の正しい動作を、具体的に教

えることができたのです。

体の動かし方だけではありません。その大本になる「心の持ち方」を習っていましたから、ちょっとやそっとのことでは動じませんでした。

ふたりの先生に出会ってから70年になりますが、今も両師の教えは、私の生き方の土台になっています。おかげで迷わず、正しく生きることができたと思っています。

ちなみに藤平光一は「山岡鉄舟の教え」を説いた小倉鉄樹、「合氣道の開祖」として知られる植芝盛平、「心と体の関係」を説いた中村天風に学びました。

そうした師の教えを基にして、戦争で生死の淵をさまよった経験や厳しい修行を経て、心身統一合氣道をつくったのです。今は二代目の藤平信一さんが継承しています。日本だけでなく、世界中に3万人の弟子がいます。子どもから私のような年寄りまで、幅広い層が学んでいます。また、スポーツ選手や会社の社長なども多い。

やはり「氣」はすべての土台ですから。興味のある人は、ぜひ体験してみたらよろしいかと思います。

王貞治の一本足打法は、心身統一合氣道から生まれた

藤平光一の教えによって、打撃が開眼した大打者もいます。

王貞治です。

野球を知らない人でも〝世界のホームラン王〟になった王のことや、片足をスッと上げる「一本足打法」のことは知っているでしょう。

この一本足打法は、王の人並外れた努力の末に生まれたものですが、その陰には、ふたりの指導者がいます。ひとりはコーチの荒川博さん。王は毎晩のように荒川さんの自宅を訪ね、マンツーマンで熱血指導を受けました。王が畳の上で日本刀を振る写真を見たことがある人もいるでしょう。「荒川道場」などと言われました。

そして、もうひとりの指導者が藤平光一なのです。これは世間的には知られていませんが、事実なので公表してもいいでしょう。王が一本足打法を生み出し、打撃を開

眼させたのは、藤平光一の「氣」の理論があったからこそなのです。

野球では、投手も打者も、野手も、体の軸が大事です。軸が傾いたり、左右どちらかに偏っていたら、体は揺れて、力を発揮することができないからです。

しかし、これが難しいのです。先ほども話しましたが、例えば打者は「打ちたい」と氣が上がると、軸は傾いてしまいます。このような状態では、体に力が入りません。また、心も上ずっているので、ボールを正確に捉えることができないのです。

心が「臍下の一点」に静まれば、心身統一の状態となり、すごい力を発揮できます。

藤平光一は、それを次のように表現しました。

「臍下の一点に心が静まると、本当に強い、鉄壁のような下腹ができる。ここから力を発揮することができるのだ」と。

王の一本足打法は、まさにこの状態なのです。

その証拠に、一本足で構えた王は、横から押しても、上から潰《つぶ》そうとしても、びくりとも動きません。盤石の状態なのです。

かといって、力んでいるわけでもない。完全に力が抜けて、体のすべての重みが最下部にあるのです。だから動かない。もちろん、心も静まっています。

一本足打法は「足を上げて勢いをつけて打つためのもの」と思われがちですが、実体はまるで違います。臍下の一点に心を静め、盤石の姿勢で立つためのものなのです。

二本足でふらつくなら一本足にしたらいい

王の一本足打法について、もう少しお話しします。

王は早稲田実業から鳴り物入りで巨人軍に入団してきました。投手でも打者でも優れた、今でいう大谷翔平選手のような存在でした。しかし、水原監督は王の打撃の素質を大いに買い、打者に絞ったのです。ところが、打者として思うように結果が出ません。

王も焦っていたのでしょう。

じつは、この心の不安定さが打撃不振の原因だったのです。心が定まらないため、体の重心も定まらない。このため速球に体が突っ込んで詰まらされたり、待ちすぎて振り遅れたりしていたのです。もちろん、王本人も水原監督も、荒川コーチでさえも「心に原因がある」とは氣づきませんでした。唯一見抜いたのが、藤平光一でした。

「体のバランスが崩れないようにするにはどうしたらいいか？」と問う荒川コーチに、藤平光一はこともなげに答えました。

「臍下の一点に心を静めて立てば、二本足も一本足も同じだろう。二本足でふらつくなら、一本足にしたらいいじゃないか」

このひと言で、王の一本足打法が生まれたのです。

もちろん、言うほど簡単ではありません。「二本足を一本足にしたらいい」なんて言われても、ただケンケンするわけじゃないのですから。その状態から鋭くバットを振って、ホームランを打つのです。人間業とは思えない打ち方です。

でも、王はくそ真面目な人間です。深夜に特訓してくれる荒川コーチへの恩義もあるので、簡単に弱音を吐きません。そうやって鬼のような努力をして、一本足打法をものにしたのです。

心身統一の四大原則と私の「心身統一野球道」

王の一本足打法には、心身統一の四大原則もしっかり組み込まれています。

【心身統一の四大原則】

一、臍下の一点に心をしずめ統一する。

二、全身の力を完全に抜く。

三、身体の総《すべ》ての部分の重みを、その最下部におく。

四、氣を出す。

くり返しますが、王は〝くそ〟がつくほどの真面目な男です。だから藤平光一の教えや荒川コーチの指導を愚直に遂行できた。「この人の言うことを聞いて大丈夫か？」などと思いませんから。「これをやるんだ」と信じて、目の前のことをやり抜く。

その結果、一本足打法を完成させたのです。やはり、やるべきことをやる人間は強いのです。通算868本のホームラン世界記録も王だから達成できたのです。

ふつうの選手なら、何年も続きません。途中で心のどこかに緩みが出たり、驕り高ぶったりします。ですが、王は自分のやるべきことをやり続けただけです。やはり、大した男だと思います。私は滅多に人のことは褒めませんが、王だけは別格です。

野球選手がなぜ合氣道を？　という疑問は、これで晴れるでしょう。

現役時代、私はシーズンオフになると、朝から道場に行き、ずっと稽古に参加しました。「合氣道を勉強できる」と思うと楽しみでした。他の選手はゴルフに行ったりしていましたが、私には合氣道の稽古のほうが楽しかったのです。

おかげで、私の心と体には合氣道が染みついています。コーチや監督時代の指導も、それを野球に応用したものです。

中村天風の「心身統一」と藤平光一の「氣の理論」。ふたりの師から学んだことを具現化したのが私の「心身統一野球道」なのです。

「やる」と決めると本当にできる

中村天風の「心身統一」も、藤平光一の「氣の理論」も、詰まるところ、同じことを言っているわけです。

藤平光一は毎年、正月3日に、鬼怒川に浸《つ》かる修行をしていました。「氣が出ていると冷たさを感じない」と藤平光一は言いますが、実際はたいへんな寒さでした。

とは言え、ふつうならそんなことはやりません。でも「やる」と心を決めると、本当にできてしまうのです。心臓発作で倒れる人もいません。氣が出ているからです。

ある人から、中村天風は割り箸《ばし》をこよりで切れるらしいと聞きました。

「こよりじゃ切れないでしょう」と私が答えると、「できないと思うからできないんだ。できると思えばできる」と天風が言って、手帳から1枚破ってこよりをつくり、シュッパッと切ったというのです。

実際に割り箸を切ったところは見ませんでしたが、やはり常人離れしていました。だから面白かった。学ぶことしかないわけですから。

教えも簡単には理解できませんが、実践しているうちに、少しずつ「ああ、たしかにそうかもな」と思うことがあり、自分で考えて工夫するようになると「ああ、本当にそうだ」と実感できるようになってきます。くり返しているうちに、自分のものとして定着してくるのです。

最近は、教えるとすぐに「わかりました！」と言う人がいますが、こういう者は当てになりません。すぐにわかるわけがないのです。このタイプは要領がいいので、たまたまできるかもしれませんが、すぐにできなくなります。すぐに手抜きもしますし。

物事はやはり、苦労しないと身につきません。

学んだことを自分で考えて実践する。失敗したら、また考えて工夫する。何度もやってるうちに、「ああ、なるほど、こういうことか」とわかるのです。93歳になっても私はまだ、中村天風の本を読んでいます。そして「ああ、こういうことだったのか」と新たにわかることがあります。学びには終わりがない。だから人生は面白いのだと思います。

ふたりの師匠はとても人間味があった

中村天風も藤平光一も、とても人間味がありました。だから大好きでしたし、信用もできたのだと思います。

中村天風のご自宅には何度もお邪魔しました。私の家にも来てくれました。自宅を新築した際にも、お祝いに駆けつけてくれました。板前さんが作った料理を、なんでも食べてくれた。もてなしに応《こた》えてくれたのでしょう。温かくて、人間らしい大人物でした。

今の天風会の人たちは、中村天風を神格化し、修行も真面目な顔ばかりしてやっているので、正直、つまらんとも思います。私は生身の中村天風と、やりとりしながら教わったので、その迫力にも命の温度にも触れることができました。大きな縁と僥倖《ぎようこう》でした。

藤平光一は本当に強い人でした。遠慮なく人をぶん投げる。「このままやったら殺される」と恐怖を感じたこともあります。

「広岡、歩いてみろ」と言われ、体が揺れると「スーッと歩け。力が入っとるから揺れるのだ」と言って、コロンと転ばされる。ところが、肩の力を抜いて臍下の一点に心を静めると、不思議と投げられなくなるのです。

私は本氣で学びました。だから藤平光一も本氣で応え、体に叩き込んでくれたのだと思います。

お酒が入ると饒舌《じようぜつ》になって、なんでも話してくれました。だからわからないことは、お酒を飲ませて質問するのです。おかげで、合氣道以外のことも、いろいろ教わりました。本当に楽しかった。

藤平光一は91歳、中村天風は92歳で亡くなりました。私は今年93歳になり、いよいよふたりより長生きになりました。「おお広岡、よくやったな」と言ってくれているような氣がします。今、コロンと投げられたらたまりませんが。

5章

天風直伝・天地自然の健康法

年齢に応じた食事とお酒、果物の効果

人間は自然の一部ですから、体が年齢と共に変化するのは、自然なことです。

赤ん坊から青年になるまでは大きく育つ。そして、20代から40代までは平行線をたどり、50代から少しずつ衰えを自覚するようになってきます。

それでも60代、70代までは、まだまだ元氣です。80代も元氣でいられる。ところが90代になると、急激に落ちます。ひっくり返ったら、なかなか立ち上がれない。困ったのは、痛みさえも感じなくなることです。自分では氣づかないから危ない、危ない。

でもこれは、生きている証《あかし》なのです。死んだら弱ることもできないのですから。

私たちは、天地自然の法則の中で生きているわけですから、衰えを無視してはいけません。その法則に抗《あらが》って生きるから、おかしなことになるのです。

例えば、年齢と共に食べる物や食べる量が変わっていくのは当然なのに、若いときと同じように飲み食いしようとする。これでは、体は悲鳴をあげますよ。

成長期は大人の骨格をつくるために、動物性たんぱく質が必要です。だから、どんどん食べてもいい。その分、消化する力も強い。そうやってバランスが取れています。

しかし、高齢者は内臓も老化しているため、消化力が弱く、消化吸収にも時間がかかります。だから食べる量を減らさなければなりません。

私は動物性食品をまったく食べないわけではないが、体がほしがらない。だから食べない。そうやって、自然に、シンプルに考えたらいいと思います。

お酒も同じ。若い頃は多少飲んでも大丈夫ですが、年をとったら解毒機能が落ちるから害になる。だから減らさなければなりません。当たり前のことでしょう。

私も若い頃はお酒が大好きでしたが、80歳でやめました。脳梗塞になって、間違った生活をしていることに氣づき、習慣を改めたのです。

今は、果物をたくさん食べるようにしています。ほとんど主食のようです。果物はアルカリ性食品なので、年をとってもたくさん食べて大丈夫です。

そもそも人間は木の上で生活し、木になるものを食べていたのだから、果物を食べるのは、天地自然の法則にかなっているのです。

繊維質だから、排泄する力が弱った年寄りにもちょうどいいのです。

世の中には健康の本がたくさん出ています。「○○すれば長生きできる」なんて本もある。どれも正解なんでしょうが、若い先生が書いているので「その健康法で、本当に長生きした人を見たのかな？」と心配になります。私は自分で試してみて「これは本当だな」というものを信じることにしています。また、テレビの情報には「儲けよう」という思惑も含まれていますから、氣をつけなければいけません。

無理して食べたら、逆にパワーが出なくなる

若い頃は体をつくるので、どんどん食べていい、と言いましたが、やはり食べ過ぎはよくないでしょう。天地自然の法則に反しています。

最近のプロ野球を見ていると、必要以上に太っている選手が多い。私は心配になり

ます。無理して食べているのではないか、と思ってしまうのです。

この前、どこかの監督がバカなことを言っていました。

「大きいほうが力が出るから、寝る前にたくさん食べろ。コーラを飲め」と。

そんなことをしたら脂肪太りになって、体は動かなくなります。それに、睡眠中は体を休ませる時間です。内臓も休めなければなりません。そこに大量の食べ物が入って来たらどうなるか。疲れて力が出なくなります。ケガもしやすくなる。選手寿命も短くなってしまいます。

太った選手がいいなら、お相撲さんを野球選手にしたらいい。

本当にそれでいいのか？　少し考えたらわかりそうなものです。

メジャーリーガーの体はたしかに大きいですが、そんな見た目ばかりを真似してどうなるのか。「このバカたれが！」と教えてあげたいけど、私の声は届かないでしょう。けれど、放っておいたら大変なことになる。私は心配で仕方がないのです。

そもそも体を「外科」と「内科」に分けていること自体が間違いなのです。体はひとつで外側の「筋肉や骨」も、内側の「内臓」も全部つながっていますから。もっと言うと、心と体もひとつなんです。本来は「心身統一」なのに、医学が分業制にし、それに倣ったのがいけなかったと思います。

心身統一（心と体はひとつ）という原則を知っていれば、「なぜ病氣になるのか」ということも、わかってくるはずです。

唾液の効用。よく噛むほど健康になり、力も出る

食事のときは、よく噛むことを徹底しています。咀嚼《そしゃく》すると、唾液がよく出るからです。水やジュースを飲むときも、よく噛みながら飲むようにしています。噛むことで唾液がよく出て、それが食べ物や飲み物に混ざるのです。じつは、これがとても大事です。

唾液を混ぜることで、五臓六腑がよく働くようになるのです。五臓六腑とは昔の表現ですが「内臓全般」と考えていいでしょう。

人間の内臓は、上から下に流れる川のようなものです。食べ物は口から入って消化され、必要な分は栄養素となって全身を巡り、不要な分は排泄されます。唾液を混ぜることで、この川の流れはよくなるのです。

例えば、唾液が少ないと食べた物が食道に引っかかり、氣道に入り込んでしまう。これが誤嚥性肺炎などの原因になることは、みなさんもよく知っているでしょう。

食べ物は胃で消化されますが、胃だけが働くわけではありません。消化液を出す器官や毒消しをする器官、水分や糖分を調節する器官などが協力して、消化が成り立つわけです。よく噛んで唾液を出すことは「おーい、これから食べ物が来るから準備しておけよ」とサインを出すようなもの。野球の連携と同じです。

近頃は、軟らかい食べ物が増えたので、若い人は、噛む力も弱まっているようです。

私は玄米を食べるよう選手に勧めましたが、それは硬い玄米をよく噛んで、唾液を出すためでもありました。五臓六腑がよく働けば、自然とパワーが出るし、スタミナも湧いてくる。いいこと尽くめなのです。

中村天風からは、面白い話も聞きました。

「インドの修行中に、ボウフラの湧いた水を飲んだが、しっかり噛んだから問題なかった」と。さすがに真似しようとは思いませんが、唾液の効果を実証する話です。

年をとった人は内臓も弱っていますから、よく噛んだらいいと思います。

それと、よくしゃべる人も唾液が出やすい。私は2時間くらいしゃべり続けても、唾液が出るから喉が渇きません。

人間の体は本当によくできています。いくら科学が進歩しても医学が発達しても、人体のような精巧な仕組みはつくれません。だからもっと体に秘められた力を信じて、自分の体を大事にしたらいいと思います。

感情と血液の関係。積極的な心は血液をよくする

全身を巡る血液は、さらさらと滞りなく流れたほうがいいに決まっています。

それには、血液を常によい状態にしておくことが大切です。「そんなの当たり前」と思うでしょうが、じつは多くの人は、大事なことを見逃しています。

それは「感情と血液の関係」です。血液は心の動きにも大きな影響を受けるのです。

例えば、怒ったときに「カッとする」などと表現するでしょ？　単なる表現ではなく実際に体が熱くなったり、血が逆流したような感覚を覚えたりします。これは、血液が心の動きに影響を受けているからです。

中村天風は医師でもありましたが、「感情と血液の関係」についても、くわしく教えてくれました。簡単にまとめると、次のようなことです。

・人間の血液は、積極的な感情のときは弱アルカリ性である。
・血液はアルカリ度が高いのがよい状態。
・つまり、積極的な感情のときは、血液もよい状態にある。
・消極的な感情になると、アルカリ度が下がり、酸性化する。
・血液が酸性化するときは、色や味も変わる。
例えば、怒ると血液は黒褐色に変色する。すると血液の味は渋くなる。
悲しむと血液は茶褐色になる。味は苦くなる。
恐れると淡紫色を帯びる。味は酸味がかる……などなど。
・血液のアルカリ度が下がり、酸性化していくと、不健康になってくる。例えば、
細胞や肉体が障害を受ける。
リンパ液などにも影響し、さまざまな内分泌、外分泌の働きが悪くなる。
・この結果、なんらかの病氣が引き起こされる。

心身統一。健全な精神が健全な肉体をつくる

中村天風が言うように、感情によって血液の色や味は本当に変わるのか？

私は確かめたことがないので、正直、わかりません。でも、おそらく血液の性質は変わると思います。なぜなら、心の持ち方で、体の状態が変わるからです。

嫌なことがあれば悲しくなるし、よいことがあればうれしくなる。そうやって感情が変化する度に、体が影響を受けることは、みなさんも経験しているでしょう。

日本では昔から「健全な肉体に健全な精神が宿る」と言われてきました。しかし、中村天風は、これに異を唱え「健全な精神が健全な肉体をつくる」と言ってましたね。

本当にその通りだと思います。

例えば、野球では、心が消極的なときはヒットが出にくいものです。思わぬエラーをしたりもします。反対に、心が積極的なときにはヒットが出やすいし、華麗なファ

インプレーが出たりもします。これは、心の持ち方で、体の状態が変わるからです。

心が積極的だと体もよく動く、心が消極的だと体の動きも悪くなる。これは選手を見ていても、はっきりわかることです。「あいつ、なんか動きが鈍いな」と思ってコーチに「なにかあったのか?」と聞くと、「じつは昨日のエラーを悔いているようで」などということが何度もありました。

そういう場面に出くわす度に「ああ、本当に心身統一なんだな」と思いました。心と体はひとつなのです。

そして、心の持ち方によって変わるのは体の状態だけではありません。運命さえも変えてしまうのです。

心が消極的だと、血液や神経系統を含め、生命を維持するすべての力が乱れてしまいます。これによって、運命を好転させるのに必要な「体力」や「能力」「判断力」「断行力」「精力」「胆力」などが正しく発動できなくなるからです。

中村天風は、このことに関し、次のように話してくれました。

「だから人間は、断固として積極的な心を持ち続けないといけないのだ。健康のときも不健康のときも、幸運なときも不運なときも、どんなに苦難を受けてくじけそうなときも、心は積極的にしていないといけない」と。

中村天風は、それが「宇宙真理」であり、「人間として厳守すべき自然法則だ」とまで喝破したのです。

消極的な心でいると病氣になる

多くの人は、病氣になると「体が勝手に悪くなった」というふうに思います。また、少し意識の高い人なら「不摂生な生活をしたから」とか「食べ物が悪かったから」などと考えるでしょう。

でも「自分の心の持ち方が悪かったから病氣になった」とは考えません。

しかし、実際は、心の持ち方が病氣を引き起こしていることが多いのです。

私はこれまでに「ああ、この人は心の持ち方が悪かったから病氣になったのだろう」と思う人を何人も見てきました。

例えば、同じウイルス性の病氣にかかっても、ケロリと治ってしまう人と重症化させてしまう人がいます。なにが違うのか？

もちろん、もともとの体力や免疫力などの違いもあるでしょうが、心の持ち方にも違いがあると思うのです。

実際、中村天風は若い頃に重度の結核になり、死を宣告されました。「ああ、俺は死ぬのか」と弱氣になっていたら、どんどん重症化していったのに、ヨガの大聖人・カリアッパ師に会い、心を積極的にしていたら完治してしまったのです。

中村天風は、講演でこんな話もしていました。

「血液は本来、弱アルカリ性でなければならない。

弱アルカリ性である限り、コレラのばい菌をのもうと、腸チフスのばい菌をのもうと、決して病にはかからないのです。

それを証明した有名な話があります。コッホという有名な医学博士が『心の強い人間は決して伝染病に侵されないよ』と言って、コレラのばい菌を丸のみしたのです。ところが、氣の弱い人は、ふつうのバクテリアに侵されても患う。なぜなら、血液が酸性化してしまうからだ。学問的にはアシドーシス（酸毒症）という血液になってしまうんだ。血液が酸性化すると、なんの原因もないのに風邪をひいたり、目が回ったり、頭が重くなったり、食欲がなくなったり、夜に眠れなくなったりする。へんてこりんな体になってしまうんです」

中村天風は、「病氣」と「病」は違うとも言っています。

原因のわからない発熱や、いつもとは違う不調や違和感、痛みなどは、体のどこかに健康障害が生じており、これが「病」です。この段階で、適切な手当てをすれば必ず治るのに、「悪い病氣ではないか」と勘ぐって、心配したり、恐怖に感じたり、悲観したりする。こうやって弱氣になることで「病」は「病氣」になるのだと。つまり、病氣の氣は氣持ちの氣。簡単に治る病を、わざわざ自分で病氣にしてしまっているのです。

医者が治すのではなく、自分が治すのだ

多くの人は病院に行って治ると「医者が治してくれた」と思うでしょう。でもそれは、大きな間違いです。本当は、自分で治しているのです。

人間には、自然治癒力がありますから。医者はその手助けをしているに過ぎません。

今はなんでもかんでも手術しますが、あれもダメだと思います。手術すれば2〜3か月は休む。それだけ休めば、誰だって治ります。

私は巨人軍に入ってすぐ、右膝の上の筋肉が切れたことがありました。座った瞬間にパーンと切れたのです。飯田橋の厚生年金病院で手術を受けました。

12センチほどメスを入れ、膝から腿《もも》にかけての筋肉をつなげました。一応は治りましたが、現役時代も常に違和感はありました。仕方がなかったとはいえ、本当はメス

を入れず、自分の体に備わる自然治癒力を信じるべきだったと思います。後悔しているわけではありません。私の経験を語ることで、みなさんには自分の自然治癒力を信じてほしいと思うのです。

お医者さんにも知ってほしいと思います。

なんでもかんでもメスを入れて治すようなら、ヤブ医者です。検査をしたり、レントゲンを撮ったりしなければわからないのもヤブ。患者の顔も見ず、パソコンとにらめっこしているような医者は、もはや医者とは呼べません。なぜなら人間を診ていないわけですから。

患者をひと目見て、どこが悪いかを見抜けるようになってこそ本物の医者です。まあ、そんな医者は少ないでしょうけれど。「人間とはなにか」「人の体とはなにか」をろくに学ぼうとしないから、そのような治療になるのだと思います。

患者もいけないのです。すべて任せてしまうから。やはり自分の体ですからね、自分で最低限のメンテナンスはしないといけないのです。

例えば、野球の選手が故障するには、原因があるのです。間違った動きをしているから、どこかに負担がかかり、故障をするわけです。デッドボールや接触などによるケガは仕方ないにしても、たいていは本人に原因がある。

故障は、その間違いに氣づく大チャンスです。それなのに間違いを正そうとせずに、ただメスを入れて治しても、また同じ故障をします。もっとひどいケガになるかもしれません。それはとても不幸なことだと思うのです。

睡眠中に生命エネルギーを取り入れる

私は朝、目が覚めるときに、必ずこう言います。

「ああ、今日も元氣に朝を迎えることができた。ありがとう」

この年になると、また明日を迎えられるとは限らない。寝たまま死ぬ人は多いですから。

若い人は自覚できないと思いますが、日々生きていることは、当たり前ではないのです。

「あなたはまだ生きていなさい」と、天が起こしてくれたと思うと、自然に「ありがとう」という言葉が出て、「よし、今日もやったるわい」と元氣が出てきます。

そもそも、なぜ眠るのか？

それは、宇宙のエネルギーを入れるためです。天地の氣を入れるわけです。

その証拠に、くたくたに疲れていても、翌朝になれば元氣になる。朝、目覚めた直後に、いい考えが浮かぶこともある。

これは天地の氣が入ったからです。

天地の氣をたっぷり取り入れるには、深く眠ることです。そのためには、寝床でつまらないことを考えない。布団に入ったら体を天地に任せきって、死んだように休むのが一番です。眠っているうちに、天地の氣は補給されます。

これは天地自然の法則です。人間だけでなく動物も植物も、生命はすべて、そうやって生きています。体の中の余分なものを吐き出し、新鮮な天地の氣を取り入れる。これが呼吸をする意味です。

最近では、体操をしてから呼吸法をすると、よく眠れます。なにかよくないことをゴチャゴチャ考えそうになったら、はーっと深く吐いて、スーッと大きく吸うのをくり返す。すると、すぐに寝てしまいます。

私は、できるだけ清浄な天地の氣を補給するために、寝るときは部屋のドアを開けています。窓は用心のために閉めますが、天窓は開けておく。冬も開けます。

夏は、寝るまでエアコンをつけて部屋を冷やしておき、布団に入るときは消す。

こうやって天地の氣を十分に補給するので、毎朝、元氣に目覚められるのです。

やはり行けるところまで行きたいですから。試してみていいと思うことはなんでも実行するのです。

すべての関節を動かして、体に血液を巡らせる

朝は体操をします。これは全身の血液を動かすためです。すべての関節を動かしていくのです。足の指、足首、膝、股関節、手の指、手首、肩、首などを順番に、回したり、引っ張ったり、揉《も》んだりする。

これは早稲田大学の陸上指導者の小掛照二《こがけてるじ》から聞いたことです。私と同じ広島の出身で、三段跳びの選手。世界記録もつくった男です。

「こういう体操をやりなさい」と言うと、覚えるのが面倒くさい。だけど「全部の関節を動かす」と思っておけば誰でもできます。自分流の体操でいいんです。

くるくる回したり、伸ばしたり、引っ張ったり、自由にやればいい。

体に血液が巡ると氣持ちがいいし、そのうちポカポカと温かくなってきます。

最近は足が悪くなりましたが、この体操は座っていてもできます。

自分のやれることをやる。生きているうちは、体のどこかが動きますから。そこをよく動かせばいいのです。

病氣は自分がつくる。それに氣づかないと治らない

私は、大脳と小脳の脳梗塞をそれぞれ1回ずつ経験しています。75歳のときと80歳のときです。

病氣をするまでは、酒を飲んでいました。大酒ではありません。酒をうまいと思えなくなった時点でやめる。だいたい1合7勺《しゃく》（約300㎖）と決まっていました。

病氣は自分の間違いに氣づかせてくれるサインです。脳梗塞の後、なにが原因かと考えて「酒かな」と思い当たったので、飲まなくなりました。それ以来、1滴も飲んでいません。奈良漬のひと切れさえ食べない。そこは徹底しています。

薬も飲みません。病院に行くと薬を処方されるので、いちおうもらって帰ります。「こんな薬はいらない」と言うとケンカになるかもしれない。それは嫌ですから。医者をバカにするようなことは、絶対にしてはいけません。

しかし、薬は飲まず、引き出しに仕舞ってしまいます。

75歳で脳梗塞になったときは、大脳がいかれました。命は助かりましたが、あちこちに支障が出ました。ですが、次第にふつうの生活ができるようになりました。このときは薬もまじめに服用しました。

医者は「お出しした薬はどうですか?」と聞くので、効果は実感できなかったが「いいような氣がするね」と答えていました。

ところが5年後、再び脳梗塞になり、今度は小脳がいかれました。だから私は医者に聞いたのです。

「先生が『これはいいよ』と言う薬を飲んでるのに、なんで詰まるのか?」と。医者は「おかしいな。いい薬なんだけど」と首をかしげていました。

結局、薬では治らないし、予防もできないのだと学びました。
自分の病氣は自分でつくったものだ。その原因に氣づかない限り、治らない――。
中村天風の教えの正しさに、改めて氣づきました。
それ以来、酒は飲まない。薬も飲まない。そんな生活がもう13年も続いています。
93歳になる今も、なんの問題もありません。

自分の体のことは、自分で責任を持つ

ついでに話すと、血圧は上が160あります。

医者は「ちょっと高いので下げましょう」と言うので、私は「血圧が高いから生きていられるのでしょう」と悪態をつきます。「具合の悪い人は青い顔をしているが、あれは血圧が低いからでしょ。わざわざ自分から血圧を低くして、青い顔になることはないでしょう」と言うと、医者は黙ってます。

嫌な患者だと思っていることでしょう。でも、自分の体のことは、自分で責任を持つ。そんなふうに積極的な心でいると、病氣にならないのです。まあ、この年になれば、あちこちに不調はありますけれど。年寄りなのですから、当たり前ではないでしょうか。

多少の不調は放っておけばいいのです。心配するから悪くなる。なまじっか、テレビや本で知識を入れるから心配になるのです。

氣持ちを積極的にしておくことが一番です。

やるべきことをやる。今の自分にできることをやる――。そんな前向きな氣持ちで生きていたらいいと思います。

若い人と交流することも大事です。氣をもらえるから元氣になる。握手をしたらもっといいです。握手をするときは「相手に氣を送る」と思ってする。ギュッと強く握らず、やさしく、温かい氣持ちをあげる感じでやります。そうすると、相手もうれしいでしょう。積極的に氣を出し、氣の交流をすることが大切なのです。

食事は植物性本位にすることが、無病長寿の秘訣

監督時代、私は選手に自然食を勧めました。選手の能力を引き出し、選手寿命が一日でも長く延びるようにです。

私は中村天風からも「食べる物は常に〝植物性本位〟であることが無病長寿の秘訣だ」と聞いていました。若いうちは、消化力や毒消しをする力があるので、動物性の食物をたくさん食べてもいいが、年をとったら害毒は大きくなる。この中村天風の教えが、いかに正しかったかは、加齢とともに実感できるようになりました。93歳になってもまだ私が元氣なのは、間違いなく天風のおかげです。

それでも、やはり生きているうちはおいしいビフテキでも食べたいです。若いうちは害になりませんが、年寄りが未練がましく肉類を食べたら、カッカします。あれは毒が体をカッカさせるのです。若いうちはその毒を毒にしないようなものが体にある。

そう思っておけば間違いないでしょう。

多くの人は「動物性の食物を食べないと栄養が十分に摂れない」と考えているのでしょう。じつは、かつては中村天風もそうでした。このため、重い結核を患《わずら》ったときに栄養をつけようと思って肉をたくさん食べたそうです。すると、治るどころか悪くなる一方でした。わざわざ欧米に密航してまで西洋医学の治療を受けましたが、それでも治らない。毒で体が弱っているのに、そこに毒を入れたら余計に悪くなるのは当たり前だったのです。

ところが、ヒマラヤで質素な食事をしながらヨガの修行をし、心の持ち方を変えたら快癒《かいゆ》してしまったのです。奇跡を起こした中村天風は、積極的な心で生きるだけでなく、食事の研究もしました。そして、次のような食事を勧めるようになったのです。

・食物摂取は、7割以上を植物性、3割以下を動物性にするといい。
・美食より粗食のほうが、栄養効果が大きい。

なぜなら美食は、食材の栄養分が失われるほど調理されたものが多いからだ。

・刺激の強いものは避け、とくに午前中は淡白な食事を摂る。

・季節の食材を中心に食べ、季節外れのものは避ける。

動物性食品を摂り過ぎると体は衰える

動物性食品を摂り過ぎる害について、中村天風は具体例も示しています。

・筋肉労働の耐久力は減退して、早く疲労感を覚える。なぜなら肉体活力の消耗率を高めるからだ。

・消化状態が悪くなり、便通が不規則になる。

・風邪にかかりやすくなる。

・感情が興奮しやすくなる。

・神経痛やリューマチにかかりやすくなる。
・血圧を高め、動脈を硬化し、老衰を早める。
・湿疹、その他、悪性の腫物《しゅもつ》ができやすい。
・ノミや蚊、ダニなどの毒虫の中毒を受けやすい。

みなさんも「ああ、確かにそうだ」と思い当たるでしょう。

監督時代、私が食事を変えて体質改善を図ったのは、こうした理由によるのです。

若い世代は、動物性食品の割合が多くても、害毒を打ち消す働きを備えています。

中村天風は、その理由を「若いときは酸化を防いで中和する能力があるが、年をとると血液を酸性から弱アルカリ性に換える能力が弱くなる」と言っていました。

プロ野球選手は若いですが、勝負のストレスにさらされているし、体力の消耗が激しいのです。つまり、血液が酸化しやすい状態に置かれているわけです。

そんな体で、大量の肉を食べたら、どうなるか？

肉体はさらに酸化し、疲弊してしまいます。すると、パワーや持久力が出なくなる。ケガや故障にもつながる。選手寿命も短くなる。よくないことだらけです。だから私は、選手の食事を動物性から植物性へと切り替えたのです。

これはプロ野球選手だけでなく、すべての人に言えることでしょう。とくに年をとったら、自然食がいいでしょう。私は自分の体で試して、そう実感しています。

逃げ道をつくらない。
自然は弱氣な人をもっと弱くする

逃げ道は人間を弱くする——。これはコロナ禍に、改めて学んだことです。

「マスクを着用せよ」「外出するな」「人と接触するな」と言われ、日本人はそれに従いました。体に備わった自然治癒力は無視して、逃げ道をつくったわけです。

その結果、日本人の体がどんどん弱くなっています。その証拠に、感染症にかかりやすくなってるでしょう。なんでもかんでも消毒したり、マスクをしたりして、ウイルスや細菌との接触を避けていたら、耐性が弱くなるのも当たり前なのです。

おまけに「外に出るな」「人に会うな」の大合唱。だから年寄りは、足腰も弱くなってしまいました。一日中、家にいて「コロナで何人が死にました」というニュースをみていたら、それはおかしくなります。心が消極的になるから、病にもかかりやすい。免疫力が落ちて、抑えていたがんが、大きくなった人もいたでしょう。認知症の人も増えたと聞きます。

つまらないこと、弱氣なことを考えたら、自然は弱氣なほうに力をかすから、早く死ぬのです。これは天地自然の法則です。

逃げ道をつくって、弱くしたツケは、後になって返ってきます。人間は、ほんのわずかのズレには氣づきません。でもそれが積み重なると大きなズレになる。最初は髪の毛一本分くらいの穴が、数センチの大きな穴になって初めて氣づくのです。だから怖いのです。氣づいたときには、修復するのが難しくなっていますから。

プロ野球も同じです。逃げ道ばかりつくっているので、弱くなっています。例えば、何億円もの年俸をあげて、ちょっとどこかが痛いと言ったら休ませる。そうやって逃げ道をつくったら、せっかくのいい選手も堕落してしまいます。

6章

人生が好転する
ただひとつの方法

太陽はどんなときも照らしてくれる。受け入れるか拒むかは自分次第

太陽は、東から出て西に沈む。なにがあっても出てきて、光を注ぐ。好き嫌いで照らすわけではない。嫌いなものも照らす――。

これは〝天地自然の法則〟です。

太陽を受け入れるか、拒否するかは、自分次第です。

中村天風も、藤平光一も、太陽のように、天地自然の法則を示してくれました。私は真剣に聞き、受け入れたわけです。

〝教育〟とはそういうものでしょう。師は、言うべきことを言う。それだけです。聞く側が、「ありがたい」と思って受け入れれば、勝手に成長していきます。「うるさい」と思って拒否すれば、どんなに素晴らしい教えも届きません。結果、その人は成長できない。要は、教える側の問題ではなく、教わる側の問題なのです。

昨今では、教える側が委縮してしまっているようです。パワハラだか、何ハラだとかを笠に着て、教わる側が威張りくさっている。逆に、教える側は委縮して、言うべきことも言えずにいる。

黙っていたら、なめられるのは当然です。「いいよいいよ、今度でいい」と笑っていたら、バカにされるのも当然なのです。

悪いものは悪い。悪いものは直せ。直すにはこうしたらいいと、きちんと言える人が指導者なのです。それが言えない人なら、指導者になってはいけないと思います。

人間は、誰もがこの世の進歩、向上のために生まれてくる。そのための力を持って生まれてくる――。これも〝天地自然の法則〟です。

どうやったらよりよく成長するか、どうしたらまっすぐ伸びるのか。

それを示してあげるのが、指導者の役割なのです。

私はふたりの師から、大事なことを学びました。

それはHOW TO DOを示せ、ということです。

「人間がよりよく生きるためには、積極的な心を持つことだ。それは、こうすれば身につく」というHOW TO DOを示してくれたのです。言葉にするだけでなく、身をもって教えてくれました。だから私も、選手にHOW TO DOを示したのです。

丁寧な準備があるから、流れる動作ができる

私が現役時代の話です。巨人軍で4年を過ごした1958年（昭和33）の秋。来日した大リーグ選手の守備を見て、私は衝撃を受けました。セントルイス・カージナルスの二塁手、ブレイザー選手です。

華麗に舞うような動きをするのです。しかし、じっくり観察すると、基本に忠実な捕球と送球をしているのがわかりました。プロの私が感動しました。私は約2週間、カージナルスに同行して、日本各地を転戦しながら、彼のプレーを観察し続けました。自分の体に染み込ませたのです。

投手が投球動作に入る瞬間、守備の体勢に入り、腰を落として構える。打球に向けて鋭く足を踏み出し、しっかりと正面で確実に捕球する。瞬時に送球動作に入り、送球時には指先がビシッと狙う方向に伸びていく。「構える、捕球する、送球する」のひとつひとつが丁寧でありながら、流れるように移行していく。一連の動きは、ひとつひとつが分解写真のように確実なのに、途切れずに流れていきます。

合氣道を学んでいた私は、氣がつながっているのだとわかりました。ひとつひとつのプレーの細部にまで氣が入り、その氣が途切れることなくつながっているのです。

守備のスタートは「丁寧な構え」であり、構えこそが守りの基本なのだと、改めて学びました。それ以来、現役時代には「守りの基本は正しい構えだ」と思って大事にしてきましたし、コーチや監督になってからも、口酸っぱく指導し続けました。

じつは、この守備の構えは、心身統一の四大原則と共通しているのです。

くり返しになりますが「臍下の一点に心をしずめ統一する。」「全身の力を完全に抜く。」「身体の総ての部分の重みを、その最下部におく。」「氣を出す。」の4つです。

盤石の姿勢です。横から押しても上から潰しても動じないほど安定している。しかも力みもない。心身が静まっているから、さっと動けるし、ボールがイレギュラーな弾み方をしても合わせられるのです。

今のプロ野球には「守備の姿勢がよいな」という選手があまりいません。守りでも打撃でも、真ん中にバランスがあるのが、やっぱり最もいいのです。膝に手をやると、肩が上がる。これだと不安定だし、頭から動くから、バランスが崩れて、投げられなくなる。

両手を膝の前に出すと、自然に肩の力が抜ける。そうやって構えて、臍の下から動くようにすれば、サッと動けて、次の投球動作もできるのです。

教えてあげたいけれど、今はもう、手本を見せられないので、教えられません。

自然な動きを考えたら、なにが正しいかわかる

ひとつだけ教えられるとしたら「グローブから人差し指を出すな」ということです。指を出している選手が多いが、これは大間違いです。

グローブをしないで、素手で取ることを想定したら、間違いだとわかるでしょう。5本の指を使えばしっかりつかめるが、人差し指を使わずに4本指でつかんだら、取りこぼしやすくなります。グローブからポロッとこぼす選手が多いのは、このためです。

エラーをしたくないなら、素手でボールを受ける練習をしてみたらいいのです。5本指でしっかりつかむ。グローブを着けても、同じようにつかめばこぼれなくなります。

物をしっかりつかめるように、神様は5本の指を与えてくれたのですから。これは天地自然の法則です。

プロの選手が指を出すから少年野球の子たちも真似するのです。やはりプロは模範になるプレーを見せなければいけません。それはプロの使命だと思います。

かつてニューヨーク・ヤンキースにウィリー・ランドルフという二塁手がいました。とてもうまい選手でしたが、彼は人差し指をグローブの外に出しているのです。

「なんで指を出すんだ？」と聞くと、ランドルフは理由を教えてくれました。

「キャッチをするときは出した指を中指のほうに動かすんだ。すると捕球がしやすい。逆にゲッツーのときは、人差し指を親指のほうに動かすんだ」と。

ランドルフは試行錯誤をした末に、その方法を編み出したのです。

「いいことを聞いた」と思いましたが、ランドルフにはこう言ってやりました。

「おまえのように、指をあちこち動かせるならいいだろう。だけど、そんなことは知らずに、単におまえの真似をして、間違った構えをする選手が増えるぞ」と。

今のプロ野球で、人差し指の使い方まで研究している選手がどれだけいるか。おそらく多くの選手は「捕球のときに指が痛いから」という理由で出しているのでしょう。

プロならば「なぜ指が痛いのか？」と考えるべきなのです。

指が痛いのは、間違ったポイントで捕っているからです。正しい場所で捕球すれば、指も痛くないし、グローブにしっかり収まってこぼれることもありません。

グローブのカタチも研究すべきです。私はグローブをお尻の下に敷いて、ぺちゃんこにしました。そのほうがバシッと捕れるからです。今の選手はグローブを袋のようにしますね。だからグローブに収まったボールがこぼれてしまうのです。

構え方も指の使い方も、グローブのカタチも、ひとつひとつ丁寧に考えて、実践することが大事なのです。なぜか、世の中全体が雑になってきているように思います。

負けたときには、氣を出すように仕向ける

私はプロ野球の監督を8年やりました。ヤクルトで4年、西武で4年です。全部で966試合。勝利は498、負けは406。勝率は5割5分1厘です。

真剣勝負では「100%勝つ」ということはあり得ません。プロ野球は、相手もプロなわけですから。圧倒的な強さを誇った西武時代でも、勝率は7割弱です。3回に

1回は負けていることになります。

つまり、負けは避けられないのです。それはどんな世界も同じでしょう。勝つ日もあれば、負ける日もある。ただし負けていちいち落ち込んでたら、尾を引くことになります。今日の負けを引きずらず、明日の勝ちにつなげるには〝負け方〟が大事なのです。負けても氣を出し続けられるようにすることです。

試合に負けたとき、私は選手に「負けてやったと思え」と言っていました。「今日は負けてやったのに、あいつら喜んでるよ。バカだなあ」。そんなふうに思っていれば、負けても氣を出していられるのです。

勝ったときに氣が出るのは当たり前です。でも、負けたときにも、いや、負けたときにこそ氣を出すべきなのです。しかし、現実は逆のことが多いでしょう。

例えば、負けたときに選手を問い詰める指導者がいます。こんなことをしたら、選手の氣は出なくなります。負けた選手はショックで氣が萎《しぼ》んでいるのに、責めたら余計に引っ込んでしまう。指導者の最大の務めは、氣をいかにして出させるかです。

「負けてやったんだ」と監督が堂々としていれば、選手の氣も出てきます。氣が出ていると自然に「次はこうしよう」と前を向き始めます。これが大事なのです。

連敗するときもありますす。そんなときも「今に見てろ。バンバン打てるようになるから大丈夫だ」と前を向かせてやる。これが指揮官のやるべきことだと思います。

ヤクルト時代も西武時代も、私が監督になった当初は負け続きでした。「負けてやったと思え。そのうちに勝つから」と言っても、選手は半信半疑でした。ところが、少しずつ勝ち始めると「監督の言う通りだ」と思うようになってきます。

大事なのは、やるべきことをやることです。最初はうまくいかないかもしれません。だけど大丈夫。やるべきことをやっていれば、そのうち上向いてきます。

なぜそう言い切れるのか？　それは天地自然の法則があるからです。

人間は、誰もがこの世の進歩、向上させるために生まれてくる。そのための力を持って生まれてくる——。

この絶対法則を信じ、積極的な心で進む。必ず道は拓《ひら》けます。私にもできたので、みなさんもできるはずです。

いい人と悪い人。付き合ってみなければ真実はわからない

人間は十人十色です。プロ野球にも、いろんなタイプの人間がいます。いい人も、悪い人もいます。川上さんの話はしましたが、悪い人もたくさんいました。

西武時代には4年間で3回の優勝をしました。それでもフロントの根本さんと堤義明さんは私を辞めさせました。世間的には、私は自分から退任したように言われていますが、事実ではありません。本当は辞めさせられたのです。そのあたりの顛末《てんまつ》を話しだしたらキリがない。悪口も言いたくないので、触れないでおきましょう。

〝名監督〟と言われる人の中にも、とんでもない人がいました。例えば、西鉄の監督だった三原脩《おさむ》さん。早稲田の先輩でもあり頭のいい人なのですが、インチキはするし、

人をけなす。だから、だんだん嫌いになっていきました。

面白いエピソードを聞いたことがあります。

三原監督には「巨人軍の水原監督」という〝ライバル〟がいました。巨人軍をまともに野球で負かすのは難しい。そこで三原さんは、水原さんを人間的に貶《おとし》めて、揺さぶりをかけようとしました。巨人軍と西鉄が戦う日本シリーズでの出来事です。

三原さんは、巨人軍の選手に対し「あんたらの水原監督は悪い人だね。ベンチに盗聴器をしかけてるんだよ」と吹き込みました。「ウソだと思うなら探してみたらい」と言うので、ベンチの隅々まで探しました。ところが、どんなに探しても見つかりません。

この仕掛け、わかりますか？　盗聴器は見つかるはずがないのです。なぜなら、盗聴器は仕掛けられてなどなかったからです。

つまり、三原さんは「水原は悪いやつだ」という印象を、巨人軍の選手に植え付けたかったのです。これが原因で選手と監督が分断されることはありませんが、少し疑いの氣持ちが出ることは事実です。まったく揺らがない相手を負かすには、小さな揺らぎをつくるしかありません。三原さんは、人間的な揺さぶりをかけたわけです。三原さんが頭がよいのは、付き合ってわかりました。一方の水原さんは本当に正直な人でした。

案の定、このときの日本シリーズは、前半戦は巨人軍がリードしていましたが、中盤から巻き返され、最後は西鉄が勝っています。

「つまらんことをするなあ」と思いました。

私は、正々堂々と巨人軍に勝てる強いチームをつくる、と思っていましたから、選手をとことん鍛えました。「選手はひとりひとりすごい能力を持っている。それを開花させるのだ」という信念を持っていましたから。天地自然の法則に則って、自分のやるべきことをやる。〝鬼〟とか〝悪魔〟とか言われましたが、私がやってきたことは正しかったと思います。

自分を高めるためにはライバルをつくる

厳しい環境と言えば、ライバルをつくることも大事でしょう。

ひとつのポジションにひとりだけだと、怠ける人間がいますが、ライバルをつくると、「あいつには負けられない！」と励むようになります。

ライバルがいることで個人のレベルも上がるし、結果的に全体のレベルも上がっていく。これは当たり前のことです。

ところが、プロ野球の世界では、この〝当たり前〟がわからない監督がいます。何年か前ですが「坂本にはライバルと呼べる存在がいないんですよ」などと、バカなことを言ってる者がいました。たしかに坂本勇人《はやと》は優れた選手です。しかしライバルをつくらなければ本人は堕落するし、後継者も育たない。退化の一途しかありません。

私が西武の監督になったとき、石毛宏典がショートを守っていました。前年の新人王です。この先何年もレギュラーを任せられる人材だと、首脳陣だけでなく、本人も思っていたことでしょう。私は初練習のときに、石毛に言いました。

「よくこんな下手くそで新人王が獲れたな！」

瞬間、石毛の顔は真っ赤になりました。怒ったのでしょう。彼が怒ろうが関係ない。私は同じくショートの行沢《ゆきざわ》久隆を徹底的に鍛えました。層を厚くしておくのは、チームとして当然です。石毛はレギュラーの座を死守しようと必死に練習する。行沢も追い抜こうと必死です。おたがいに磨き合っていました。

私の現役時代も、常にライバルがいました。

入団した年にショートの平井さんに「バッティングを教えてほしい」と頭を下げ、現役時代の晩年には後輩の黒江に「守備を教えてください」と頭を下げられた話はしました。ライバル同士が高め合う環境があったからこそ、巨人軍は黄金時代を築けたのです。

黒江がエラーをしたときなどには、私は電話をして励ましました。

「おまえはベストを尽くしたのだから、あれでいい。氣にするな」

私には教えた者としての責任もある。相手を蹴落とすのではなく、互いに高く上がろうとするのがライバルなんです。

ライバルは自分でつくる。人のよさを認められる人は強い

そもそもライバルというのは、自分でつくるものなのかもしれません。チーム内でポジションを争うだけではなく、自分を高めるための存在です。

私にとっては、阪神の吉田義男や大リーグのブレイザーの存在が励みになりました。ふたりとも守備の名手でした。

「あいつは、こういうところがうまいな」と思うと、ひたすら観察する。そして、相手のよいところを取り入れて、自分のものにするのです。

「学ぶ」という言葉は〝真似る〟から転じたものだと聞きました。人から教わるので

はなく、自分で見て体得するのです。これはとても大事なことです。

「これは自分に必要だ」という積極的な心から発しているので、ものになりやすい。特徴を真似て、その氣になるとだんだんうまくなるのです。

再び石毛宏典の話をしましょう。

あるとき私は、石毛のフォームを真似して見せたことがありました。おかしなフォームをしていることに、自分で氣づいてほしいと思ったのです。

私が石毛の真似をすると、彼は「俺ってこんなに変かな？」と首をかしげている。仲間が口々に「そっくりだよ」と言うと、「こんなに格好悪いの嫌だわ」と笑って直したのです。素直な人間なのです。そういう素直さも、成長には絶対必要なのだと思います。

素直な人間は、人を認めることができます。人のいいところを素直に認めて真似し、自分の悪いところは素直に認めて直す。そういう人はやはり伸びます。

そういえば、中村天風は、人の字を真似るのもうまかった。

ある書道家の作品を「こりゃあ、いい字だな」とじっくり観察して、パパッと似た字を書いたことがありました。正確にイメージし、それを精密に再現できる身体能力に長《た》けていたのでしょう。

好き嫌いをせず公平に教える。育つかどうかは本人の問題

私はドジャースで若手を指導した経験があります。そのとき球団職員のアイク生原から言われたのは「広岡さん、ひとりに教えたらいかんよ。よいことは、みんなに言わないといけない」ということでした。

「この選手はものになる。教えればメジャーに行けるぞ」と思う選手がいたが、それはやっちゃいかんと釘を刺されたのです。

多種多様な人種が集まるアメリカでは、公平であることが求められます。日本のよ

うに特定の選手だけに手厚い指導をする、ということは認められないのです。

私は「公平に教えたのでは優秀な選手は育たない」と思いましたが、よくよく考えると、じつはとても理にかなっているのだと氣づきました。

全員に平等に教えて機会を与え、切磋琢磨させることで全体のレベルも上がる、という合理的な考えから生まれた民主主義のシステムだったのです。

いかにもアメリカ的に思えますが、じつはこれ、天地自然の法則にも則っているのです。なぜなら、太陽は世の中を公平に照らすからです。

好き嫌いをせず公平に教えるのが、天地自然の法則。

後は、教わる側の問題です。本人が熱心に聞いて実践すれば伸びるでしょうし、適当に聞き流してやらなければ伸びません。

育つか育たないかは、本人の問題なのです。

その点、日本は過保護なのかもしれません。育つ氣のない者にまで、無理やり教えようとする。教えても、育つ氣がないなら育ちません。それどころか、無理に教えたら本人を腐らせるだけです。植物に水をやり過ぎれば、根腐れが起こり、枯れてしまいます。それと同じことです。

どんな選手も育つ。早いか遅いかの違いだけ

私は、どんな選手も、しっかり教えさえすれば育つと思っています。

早いか、遅いかの違いはあるが、必ず育つ。だが、途中であきらめたり、やめたりしたら育つものも育たない。

努力を続けるのは大変です。だからみんな途中で「努力しても無理そうだ」と投げ出してしまう。「自分はできるまでやるんだ」と心を決めて続ければ、必ずいっぱしのものになるのです。

その点、性格のねちっこい者は、途中であきらめないので、やはり一人前になりや

すい。そういう人間を何人も見てきました。

監督やコーチもそうです。「やり続ければできる」と信じて、ねちっこく教える指導者の元では、やはり人が育ちやすい。入団時には下手くそだった選手が大成するのは、本人が粘り強く努力し、指導者があきらめなかったからです。

プロ野球では、結果が出ないと、簡単にオーダーを変える監督がいます。しかしオーダーをしょっちゅう変えていたら、選手は成長できなくなります。

人間には、よいときもあれば、悪いときもある。

あの王にさえ、打てない時期はあったのですから。そんなときも、荒川コーチは根氣よく教えていました。試合終了後、王が深夜に訪ねてきても、荒川さんは寝床から起きてきて王にバットを振らせた。王も純真で、荒川さんを信じ、感謝の氣持ちで一所懸命にやった。ふたりとも大したものです。

「王さんは特別だよ」などと思ってはダメです。王は特別な記録は残しましたが、特別な能力を持った人間ではありません。ただただ、どんな選手よりも純真で、真面目で、努力した。その結果、自分の能力を開花させ、世界のホームラン王になったのです。

あなたも自分を信じて、やれることをやってみたらいい。「自分なんてダメだ」などとつまらないことは考えるな。人間は、世の中を進化させ、向上させる力を備えて生まれてくるのですから。この天地自然の法則を、決して忘れてはいけません。

過去の遺産で生きるなかれ。自分で学ぶとぶれなくなる

最初から出来のいい人が揃っていたら、指導者は楽でしょう。なにも教えなくてもできるわけだから。でも、それでは指導者は育ちません。

いろいろな欠点のある人がくると勉強になるんです。「どうしたらできるのか」「こうしてみよう」「ああしてみよう」とやっているうちに、いろいろなことがわかって

くる。そうやっているうちに、指導者としての幅も広がるし、深みも出てくるのです。

1年目の監督が優勝するのは、よくありません。監督自身の勉強にならない。「俺はすごい」と思い込み、あぐらをかくようになります。

本当は〝指導者学校〟のような勉強する場があったらいいと思います。アメリカにはマイナーリーグがあり、監督はここからスタートします。選手がどんどんメジャーに上がっていくと評価され、メジャーの監督に抜擢されます。失敗や成功をくり返して〝一人前の指導者〟になっていくわけです。

ところが日本は、スター選手が指導の勉強をせず、そのまま監督になります。現役で野球をやるのと、野球を教えるのとでは、まるで違う。それなのに、結果は求められる。ダメだったら〝指導者失格〟の烙印《らくいん》を押されてクビ。薄情なものです。

私は現役を退いた後、アメリカを回り、本場の野球を学びました。現役時代も、中村天風や藤平光一に学んでいました。おかげで、人間とはなにか、正しい体の動きとはなにか、氣とはなにか、という根本の理論を知っていました。幸いにも、こうした学びがあったから、私は迷いなく、選手やコーチに「こうしなさい」と言えたのです。

選手に反発されても、自分の信念を曲げずにいられたのです。

自分に固執せず、自分を活かすことを考える

プロ野球選手なら、誰だってずっとプレーを続けたいと思うでしょう。しかし、どんなに鍛えていても、やはり体は衰えてきます。いつまでもできないのは、天地自然の法則です。こうなったら引退を考えるべきでしょう。

また、手術しなければ投げられないような投手も引退したほうがいい。

惜しまれながら去るべきです。

なぜなら、手術を受けても治らないからです。それなりの投球はできますが、完全復活はできないケースがほとんどでしょう。

「手術を受けてでも野球を続けたい」という氣持ちは理解できます。しかし例えば、靭帯《じんたい》断裂をして投げられないような状態なら、手術をしても難しいでしょう。ならばきっぱりとあきらめ、指導者になることを勧めます。

自分の経験を、後輩に伝えることのほうが、よっぽど役に立つからです。

これもまた、天地自然の法則にかなった生き方だと思うのです。

自然界では、樹木は冬に葉を落とし、次の成長に寄与します。人間もまた、自分の経験を伝えることで、世界を進化させられるわけです。

自分がなぜ故障をしたのか？　自分のどこに問題があったのかを突き詰め、それを後輩に伝える。技術や心構えに加え、自分の失敗も教えられる人なら、いい指導者になれます。次の悲劇を防ぐこともできます。

故障をしてしまったのは残念ですが、全力でやった結果です。

一所懸命にやっても、結果が不運に転ぶことは、人生にはいくらだってあります。厳しい言い方になりますが、その不運な結果も、自ら蒔《ま》いた種なのです。どこかに問題となる原因があったのです。

それに氣がつけば、人間として大きく成長できるでしょう。後悔したり、自分を責めながら生きても、つらい経験は消せないのですから。だったら前を向き、積極的な心で生きたほうがいい。自分の経験を語り、次代を成長させる肥やしになる。そんな生き方ができたら、きっと心は大満足でしょうね。

嫌いな人がいるのは仕方ない。でも嫌いな人にも声をかける

私は思ったことは、ズバリ言うほうです。よくないと思うことは「よくない」と言う。このため、悪口ばかり言っているように思われます。

しかし実際は「ここはよくないよ」と言った後に「こうしたらいいよ」とHOW TO DOも必ず付けているのです。

マスコミは肝心のHOW TO DOの部分は書かず「よくない」と言った部分ばかりを切り取る。だから私の〝愛ある助言〟が伝わらないのかもしれません。

それはさておき、人間関係において、ひとつやってみてほしい習慣があります。

それは、嫌いな人には温かい言葉をかける、ということです。

嫌いな人がいたら、顔を合わせる度に「あんたに会いたかった」とか「あんたのこと、好きだわ」などと言う。自分から声をかけるのです。

続けていると、だんだん好きになってきます。相手もあなたに好意を持ち始めます。ニコッと「好きだ」と言われたら、誰だって悪い氣はしないでしょう。好いてくれる人は好きになる。不思議ですが、そのようにできている。これも天地自然の法則です。

反対に「あんたの顔なんて見たくない」とか「あんたは嫌いだ」という氣持ちで、ソッポを向いていたら、どんどん嫌いになります。最悪の場合は、敵になって、攻撃されたり、攻撃をやり返したりします。それに加えて、感情が消極的になると、血液も酸性になるので、体にも悪い。まったくいいことはないのです。

すべては、自分の態度ひとつで変わるのです。

もちろん、世の中には、どうしたって嫌いな人はいます。これは仕方がありません。全員を好きになる必要はありませんが、せめて前向きな言葉をかけてみる。それくらいはできるでしょう。

太陽は、どんな人も平等に照らします。嫌いな人だけ照らさない、などということはしないでしょ？　天地自然の法則の通りに生きるなら、やはり、嫌いな人にも声をかけるべきなのです。

同じように、「よくないよ」と苦言を言った相手には「こうしたらいいよ」とHOW TO DOも伝える。さらには「氣にするな。あなたはよくやってるよ」と、ねぎらいの言葉もかけてみる。要は、相手を認めることが大事なのです。

いまさらですが、私自身にも「あのとき、そうしておけばよかった」と思い出すことが多々あります。時間は戻せませんが、次に活かすことはできる。だからこんな話をしているのです。

知らないうちに人の元氣を奪う人。人を元氣にさせる人

言葉には魔力のような力があります。

それを昔の人は「言霊《ことだま》」と呼んだのでしょう。

例えば、健康な人に対して「大丈夫？　あんた、顔色悪いね」と言う。

すると「あら、そうかしら」と不安になるでしょう。

続けて、他の人が「あら、どうしたの？　顔色が悪いわよ。病院で診てもらったら」などと言うと、「ああ、自分はきっとなにかの病氣なんだ」と弱氣になります。

すると、血液が酸性になるから、本当に具合が悪くなってくる。

病院に行くと、今度は医者が「顔色が悪いですね。悪いところがわからないので、検査をしましょう」と言う。これで〝病人〟の出来上がりです。本当は健康なのに、自分から病氣になってしまうのです。

反対に、病氣の人に対して「あらー、顔色がよくなったね」と晴れやかに言う。するとと「あら、よかった」とうれしくなります。

続けて、他の人が「元氣そうね。顔色がとてもいいわ」と言うと、「ああ、健康が戻ってきたんだわ」と、氣持ちが前向きになってきます。感情が積極的になると、血液は弱アルカリ性のよい状態に戻り、全身の細胞にも活力が戻ってきます。

つまり、言葉に魔力があるわけではないのです。自分が言葉に引きずられて、勝手によくなったり、悪くなったりしているだけなのです。

世の中というのは、だいたいそんなふうに動いている。「景氣が悪いですね」とみんなで暗い顔で挨拶していたら、どんどん景氣は悪くなります。

ちょっとくらい具合が悪くても「ごきげんよう。今日も最高ですね」と元氣に振る舞っていれば、自分だけでなく、相手も元氣になっていくのです。

すぐに「どこかが悪い」とか「あそこが痛い」などと不調を訴える人がいるでしょう。そういう人は、知らず知らず、相手の具合も悪くしてしまっているのです。

私は電話でも、できるだけ元氣な声で応対するようにしています。

「はい、広岡です。ああ、よく電話してくれたね。嬉しいよ」

明るく元氣な声で話せば、相手も嬉しくなるでしょう。私も元氣になるし、ちょっとした違いですけれど、みんながよくなったほうがいいから、私はそうしています。

苦しい欲望と楽しい欲望。どうせなら楽しい欲望を持って生きる

人間はみんな、自分のモノサシを持ち、それを判断基準にしながら生きています。

ある出来事を、Aさんは「正しい」と言い、Bさんは「正しくない」と言う。

どちらの言うことが正しいのでしょう?

AさんもBさんも自分が正しいと思っています。

では、多数決を採り、多いほうが正しいのでしょうか? そうとも限りません。現

に政治家はそうやって、めちゃくちゃなことばかりやっているではありませんか。

議論をすれば正しい答えが出るのか？　そうとも言えません。いつの世にも戦争があるのは、議論では片付かないからです。話しても埒《らち》が明かないから、武力に頼るわけです。「自分が正しい」と言って人を殺している。正しいはずがありません。

では、なにが正しいのか？

私は、「天地自然の法則に則ること」だと思っています。

例えば、プロ野球選手も、20代のときは回復力があるので、無理をしてもすぐに元に戻ります。しかし、30代になると回復しなくなり、無理をすると故障や不調につながったりします。20代では「正しいトレーニング」が、30代では「間違ったトレーニング」になるのです。

20代のときにやっていたことを「正しい」と信じ、いつまでも同じことをしていれば、体が悲鳴をあげるのは当然なのです。

人間の欲には、大きくふたつあります。「苦しい欲望」と「楽しい欲望」です。中村天風が説いていたのですが、本当にその通りだと思います。

自分ではどうしようもならないことを望むのが、苦しい欲望。

自分が明るい氣持ちになり、相手も楽しくなるよう望むのが、楽しい欲望です。

「明日、地震がきてほしくない」とか「あの人によく思われたい」と望んでも、その通りにはなりません。地震はいつくるかはわからないし、相手の心の中もわからない。自分ではどうしようもできないことを望むと、心は苦しくなるばかりです。

反対に、相手が楽しくなるように望むと、自分の心も楽しくなります。人間には、本来、思いやりの心があるからです。

人間は、人を喜ばせたり、笑顔になってもらったりするように生まれてくるのです。その証拠に、赤ちゃんの笑顔を見ると、うれしい氣持ちになるはずです。これは天地自然の法則なんです。

だから「あの人を喜ばすためには、どうしたらいいか？」と、楽しい欲望を持って生きたらいいのです。毎日を、楽しい氣持ちで過ごせるはずです。

苦しい欲望を追って悩みながら生きるより、楽しい欲望を追って、毎日を明るく生きたほうがいいでしょう。人間は、欲望を捨てられないのです。だったら、苦しい欲望ではなく楽しい欲望を持って生きたほうがいいと、私は思っています。

あとがき

満足とは、よく見るとおかしな文字です。「足が満ちる」と書いて満足。

では、足が悪くなった私は「不満足」なのか？

そんなことはありません。足が悪くても、私は満足に生きています。

足が悪くなったと嘆いて生きたら、不満足な人生になるでしょう。足が悪くなったおかげで、立ち方を工夫する。足が悪くなったおかげで、長い時間、本を読むことができるし、テレビでじっくりと野球も観られる。

プロ野球を観ていると、あれこれ文句も言いたくなりますが、同時に「ああしたらよくなる」「こうすればいい」ともアイデアが浮かび、すぐ関係者に電話します。

そうやって積極的な心で生きていると、元氣でいられるし、なんとも楽しいのです。

人間には、それぞれ必ず役割があります。自分の役割を信じることです。

人生に不運や不遇はつきものですが、それも自分の役割なのかもしれません。つらく苦しいときにも、人の役に立つこと、自分の目の前にあること、自分のやるべきことをやっていけば、心が積極的になり、自分は成長できたと思えるときが必ずくる。それが人生の喜びなのだと、確信しています。

93歳になっても成長できている。今の私の幸せです。

本書では観念論や理想論ではなく、自分のやってきたことを、なるべく具体的に書きました。やるべきすべては、天地から教わりました。つまり、天が私に言わせているのだと思います。

人と交流するとエネルギーが湧いてきます。やはり人間は自然の一部であり、天地自然の氣と交流しているのだと、改めて学びました。本書には登場しなくても、私は数千、数万の方々との交流を通し、多くの学びを得ました。

私と関わってくださったすべての方々に、深く感謝申し上げます。

著者プロフィール

広岡達朗
（ひろおか・たつろう）

1932年、広島県呉市生まれ。早稲田大学教育学部卒業。学生野球全盛時代に早大の名ショートとして活躍。1954年、巨人に入団。1年目から正遊撃手を務め、打率.314で新人王とベストナインに輝いた。引退後は評論家活動を経て、広島とヤクルトでコーチを務める。監督としてヤクルトと西武で日本シリーズに優勝し、セ・パ両リーグで日本一を達成。指導者としての手腕が高く評価された。1992年、野球殿堂入り。2021年、早稲田大学スポーツ功労者表彰。『動じない。』（王貞治氏・藤平信一氏との共著）、『巨人への遺言』『中村天風 悲運に心悩ますな』『日本野球よ、それは間違っている！』『言わなきゃいけないプロ野球の大問題』『プロ野球激闘史』『巨人が勝てない7つの理由』（すべて幻冬舎）など著書多数。

93歳まで錆びない生き方

2025年4月25日　第1刷発行
2025年6月30日　第2刷発行

著　者　広岡達朗
発行人　見城 徹
編集人　福島広司

GENTOSHA

発行所　株式会社 幻冬舎
〒151-0051　東京都渋谷区千駄ヶ谷4-9-7

電話　03(5411)6211(編集)
03(5411)6222(営業)
公式HP:https://www.gentosha.co.jp/

印刷・製本所　中央精版印刷株式会社

検印廃止

Printed in Japan
ISBN978-4-344-04434-0　C0095